양심정치

"양심정치"

{ 양심이 승리하는 세상 }

윤홍식 저

봉황동래

Contents

008 　 들어가며
010 　 양심혁명은 시작되었다

1 대한민국의 정치, 무엇이 문제인가?

017 　 도장 함부로 찍지 마라
022 　 민주주의의 치명적 약점
026 　 삼권분립보다 국민의 이익이 우선이다
029 　 민주주의를 아직 몸으로 배우지 못했다
032 　 소시오패스가 지배하는 사회
035 　 왜 자꾸 욕심세력에게 패배하는가?
038 　 신 약육강식의 시대, 어떻게 살 것인가?
041 　 행동하지 않으면 변하지 않는다
044 　 못 믿을 리더 앉혀 놓고 전전긍긍하는 현실
047 　 호구가 된 민주시민
050 　 국민의 양심을 대변해 줄 정치인이 없다
053 　 꼼수가 아니라 소통이 필요하다
056 　 독재와 무능력, 정당한 권력이 답이다
061 　 문화지체현상과 새로운 패러다임의 요구
064 　 모든 사회문제의 원인, 비양심
067 　 양심이 기죽는 사회
070 　 공기업과 이윤
072 　 양심을 비웃는 사회
075 　 젊은이들에게 희망이 없는 사회
081 　 엉터리 법 집행
084 　 우리는 지금 욕심문명의 장場에 있다
089 　 20세기의 왜곡된 기억과 상처
092 　 색깔론을 틀어막아라
095 　 우리 안의 4대 강적
098 　 진실은 승리한다

2 양심정치란 무엇인가?

- 107 대한민국 민주시민에게 고함
- 112 정치의 본질을 잊지 말자
- 115 양심의 6원칙을 따르는 국가경영
- 120 헌법에 기록된 양심
- 123 양심이 추상적이라고?
- 125 왜 촛불을 들었습니까?
- 128 민심은 국민의 보편적 양심이다
- 131 국민의 뜻을 저버린 대리인은 언제든 끌어내릴 수 있다
- 135 동양 전통에서 민주주의란?
- 140 진보와 보수, 오직 양심이 답이다
- 150 양심적 진보, 양심적 보수
- 155 공정하게 더불어 잘 사는 세상을 만드는 것이 정치다
- 158 선악에 따라 결과가 정확히 집행되는 사회
- 161 양심경영 전문가가 정치하는 것이 양심정치다
- 167 동양 리더십의 핵심은 양심리더십
- 169 군자가 정치를 해야 하는 이유
- 171 철학적 민주주의의 구현
- 174 모두가 승복할 수 있는 양심경영 전문가가 필요하다
- 180 조선 문명의 기초, 양심정치론

3 양심정치에는 어떤 비전과 목표가 필요한가?

- 191 양심정부의 서비스 원칙
- 194 양심 시스템의 장착
- 199 양심건국의 10가지 목표
- 201 양심으로 세계 정복
- 203 500년간 양심만 연구한 민족의 자부심을 되찾자
- 206 홍익대동의 사회 구현
- 208 대동사회와 선진 정치 시스템
- 215 양심세력이 51%가 되는 사회

218 집단지성을 활용하는 정치를 하자
221 직접민주주의의 구현
224 대한민국의 양심시민들에게 고함

4 어떻게 양심정치를 이룩할 것인가?

235 동양의 리더관과 대통령의 역할
241 대통령은 양심경영 전문가
247 양심대통령의 양심경영 6원칙
250 한국인이여, 일상에서 깨어나라
259 대한민국의 근본처방, 양심정치
263 양심혁명의 실천지침
266 소인배가 아닌 양심적인 리더를 선택하라
269 소인배의 천적, 군자
273 양심세력이여 결집하라
280 능력보다 양심이 우선이다
283 양심경영 전문가라야 국민의 눈과 귀를 활용한다
287 리더의 용인술用人術
303 양심적 집단지성을 활성화시키자
307 양심의 대변인을 선택하자
311 누구의 빠도 되지 말자
315 악에 저항하라
317 신상필벌, 가해자가 고민하게 하라
326 선禪의 정치로 국난을 극복하자
333 230만 양심지킴이들의 위대한 가능성
336 양심지킴이가 진정한 민주시민이다
339 오직 자명한 것만 따르자
341 창당선언
347 정치가 바뀌어야 삶이 바뀐다
352 창조적 소수자의 등장
357 양심지킴이들의 정당, 홍익당
360 양심의 눈으로 보면 답이 보인다

- **364** 양심 오타쿠들의 정치
- **368** 매 순간 올바른 것만 선택하라
- **372** 오타쿠 세상이 온다
- **376** 양심문화를 끌어올리자
- **378** 약자를 배려하는 사회를 만들자
- **381** 서비스 업체는 믿지 말고 계속 감시하자
- **384** 국민 모두에게 누가 이익인가?
- **387** 민주시민으로서 할 수 있는 작은 실천부터 하자
- **390** 위기는 기회, 양심으로 합심하자
- **393** 함께 양심사회로 가자
- **396** 이제는 철학적 민주주의가 필요하다
- **400** 정치인에게 바란다
- **402** 홍익인간 이념을 실천하자
- **407** 홍익인간 이념을 완수하자
- **410** 악을 미워하라
- **415** 3대 사업으로 홍익세상을 열자
- **420** 자포자기하지 말라

부록

- **425** 홍익당의 3대 사업
- **427** 홍익당의 6대 원칙
- **429** 홍익당의 10대 강령
- **439** 양심성찰의 6가지 원칙
- **441** 양심성찰의 방법
- **444** 양심노트

들어가며

우리는 인생을 살아가며
저마다 자신의 '길'을 걷고 있습니다.
수많은 생각과 감정
다양한 오감의 체험으로
그 길을 수놓으며 말입니다.

그런데 그 길은 크게 둘로 나뉩니다.
나와 남을 모두 살리는
공명정대한 '양심의 길'과,

자신의 쾌락에만 골몰하고
주변을 돌보지 않는
'욕심의 길'이 그것입니다.

이 두 길은 너무도
다른 목적지를 향하고 있습니다.
그러니 자신이 어느 길을 걷고 있는지
늘 돌아봐야 할 것입니다.

이 밤, 하늘을 우러러 당당한
양심의 길 위에 서 있을 수 있음에,
하늘의 인도에 감사할 따름입니다.
어떤 역경이 닥쳐와도
이 길을 떠나지 않을 것을 다짐해 봅니다.

그리고 모든 이들과
함께 웃고 어울리며
이 길을 걸을 수 있기를
간절히 기도해 봅니다.

끝으로 제 강의에서 중요한 내용을 뽑아 주신 김상호님과
전체 목차를 정리해 주신 이윤석님,
그리고 본서를 꼼꼼하게 검토해 준 영주, 선아·선우와
녹취를 해 주신 홍익학당 회원분들께 감사의 말씀을 전하며,
이 책이 출간되도록 큰 애를 써준
나의 오랜 벗 종원이와 병문이에게 감사를 전합니다.

2017년 홍익당 대표 윤홍식

작금의 사태를 맞아 내면의 양심의 소리를 애써 무시한 채, 자신의 편견과 사심을 '양심'과 '주권'으로 포장하는 분들을 보면서, 참으로 안타까운 마음이 듭니다.

무엇이 옳고 그른지를 판단하는 것은 자신의 사사로운 편견이나 욕심이 아니라, 양심의 공정한 판단에 기반을 두어야 합니다. 그래야만 진정한 '주권자'이니까요. 또한 모든 일을 양심으로 처리하는 것은 '인간된 도리'입니다. 우리가 할 수 있는 최선은, 편견과 사심 없이 "내가 당하기 싫은 일은 남에게 가하지 말자!"라는 보편적 양심의 명령에, 각자 자신의 자리에서 최선을 다해 응하는 것뿐입니다.

이번 박근혜·최순실 국정농단 사건을 기회로 우리 사회가 한마음으로 추구해야 하는 것은, 분열과 대립이 아닌 정의로운

'양심국가'의 건립입니다. 양심이 통하지 않는 나라에 어느 누가 단 하루라도 살고 싶겠습니까?

양심국가를 구현하기 위해 지금 당장 우리는 이 시점에 무엇을 해야 할까요? 무엇보다, ① 진상을 조사하여 피해 정도를 명확히 파악해야 하며, ② 이 모든 패악의 책임을 당사자들에게 확실히 묻고, ③ 온 국민이 한마음이 되어 다시는 이 땅에 그런 패악이 뿌리내리지 못하게 깨어서 감시해야 할 것입니다. 모든 국민의 '양심'을 만족시킬 자명한 '국가적 정화'가 이루어지기 전에는, 이 땅에 진정한 평화와 화합이 이루어질 수 없습니다.

이제부터 '시작'입니다. 이 땅에 양심을 무시하는 '악'이 뿌리내리지 못하도록 지금부터 '거국적인 양심운동'을 전개해야 합니다. 양심을 비웃는 권력자들이 더 이상 선량한 국민들을 착취하지 못하게 해야 합니다. 단 하루라도 국민들이, 양심을 잃은 소시오패스들의 손에 유린당하지 않도록, 그들의 질주를 막아야 합니다.

국민 한 명 한 명이 "내가 당하기 싫은 일은 남에게 가하지 말자!"라는 양심의 명령을 지키고자 혼신의 노력을 다할 때, 이 땅에 '살맛나는 양심세상'이 이루어질 것입니다.

우리는 최선을 다해 어느덧 우리의 타성이 되어버린 '악'에 저항하고 싸워야 합니다. 양심을 구현하는 데 도움이 되는 일이라면 무슨 일이건, 역량이 허락하는 범위 안에서 최선을 다해야 합니다. 악에 최선을 다해 저항하지 않는 자는 '악의 편'입니다. 비양심에 나약하게 순종하는 자는 '양심의 적'입니다.

이 땅에서 양심이 주도권을 장악하는 날, '양심 51%'가 이루어지는 날, 이 나라는 진정한 '양심 코리아'로 거듭나게 될 것입니다. 이 나라의 최고 지도자의 어둠이 만천하에 드러난 뼈아픈 지금이야말로, 이 땅에 만연한 악을 뿌리 뽑고, 우리의 후손들에게 '양심국가'를 물려줄 최적의 시기입니다.

국민들을 철저하게 기만해 왔던 권력자들의 패악이 만천하에 드러나고, 이를 바로잡기 위해 온 국민이 한마음이 되어 정의를 부르짖는 지금이야말로, 이 나라를 양심으로 치유할 최적의 시기인 것입니다.

오직 '양심'만이 답입니다! 이제 '양심혁명'이 시작되었습니다! 이 땅에 '양심건국'을 완수합시다! 우리 손으로 이런 과업을 시작할 수 있다는 것은 참으로 축복입니다.

1 대한민국의 정치, 무엇이 문제인가?

도장
함부로
찍지 마라

'민주民主'라는 이름에 속지 말아야 합니다. 군주시대에도 세종대왕과 같은 성군이 있었어요. 즉, 양심적 리더가 통치할 때에는, 제도가 군주제이든 민주제이든지에 상관없이 국민들이 대접을 받았고, 양심적이지 않은 리더가 통치할 때에는 시대와 제도를 불문하고 백성들이 착취를 당한다는 것이 역사의 기본 공식입니다. 그러니 '민주주의'라는 제도만 믿고 안심해선 안 된다는 것입니다.

민주주의 시스템이 제 기능을 발휘하려면 국민이 현명하게 선거를 해야 하는데, 나이만 차면 가서 아무 데나 도장을 계속

찍으니까 문제인 겁니다. 우리가 진지하게 고민하지 않고 '계약'을 해 왔다는 말입니다. 그런데 우리가 한 번 계약을 하면 5년, 4년간 찍소리도 못할 그런 상황이 되어서 힘들어집니다. 분명히 대접받으면서 계약을 했는데, 막상 서비스가 불만일 때에는 아주 힘들어지는 것이죠.

예를 들어, 여러분이 서비스에 불만이 생겨서 피켓을 들고 거리로 나가 시위를 한다고 해도, 과연 상대방이 들을지 안 들을지도 의문이고, 여차하면 물대포에 맞아 비명횡사를 할 수도 있는 것이죠. 그런 상황에 우리가 놓여 있다는 사실이 심각한 문제인 것입니다.

하지만 정치인 중에는 이 판이 깨지는 것 자체를 원하지 않는 사람이 상당수입니다. 일부 양심적인 분들을 제외하면, 대다수는 이 판 안에서 "내가 배지 달고 국회의원이 됐다." "나는 성공했다." "내가 국민 위에 군림할 수 있는 자리에 왔다." 하는 것에서 성취감을 맛보고 있는데, 그것을 바꾸자고 하면 싫겠지요.

"국회의원은 국민의 의사를 대변해야 한다." 이 간단한 말이 이루어지기가 그렇게 어렵습니다. 국회의원들이 이 말대로 움직이게 만들려면 국민들이 눈을 크게 부릅떠야 합니다. 그래서 제가 늘 '양심 51%'를 주장하는 겁니다. 사실, 51%가 아니라 양심세력이 10%만 뭉쳐도, 정치인들이 국민을 무서워하게 될 것이라고 확신합니다.

이제는 우리가 이런 정치 문제를 바라볼 때, 작은 것에 매몰되지 않도록 주의하고, 지금 이 순간 우리가 할 수 있는 양심적인 일이 있다면 그것이 무엇이든지 하나씩 악에 저항해 가야 합니다. 욕심꾼들에게 저항해야 합니다. 욕심꾼들을 절대 우리의 리더로 올려 보내선 안 됩니다.

지금 국민이 나서서 무언가를 보여 주지 않는다면 또 이대로 끝나고 말 것입니다. 국민들이 모여 시위를 한다고 해도 소수만 잠깐 외치다 말면, 정치인들은 바로 다음 계산으로 넘어갑니다. 국민을 신경 쓸 필요가 없다고 판단하는 것이죠.

그런데 만약 '박근혜·최순실 게이트'와 같은 이런 정도의 일이 별 문제가 되지 않고 그대로 넘어가는 나라라면, 그 나라는 희망이 없다고 봐야 합니다. 그리고 그런 부정부패를 묵과하는 정치인들에게 다음 정권을 맡긴다는 사실이 겁나는 일이지요.

그러니 결국은 국민이 온몸으로 울부짖어야 합니다. 온 국민이 양심으로 무장되어 있다는 것을 보여 주지 않으면, 같은 일이 얼마든지 반복될 수 있습니다. 민주사회이니까 남을 탓하기만 할 게 아니라, 그것이 원래 우리 주권자의 의무라는 것을 알고 국민이 나서야 합니다.

꼭 시위 같은 것을 해야 한다는 게 아니라, 삶의 현장에서 국민 각자가 양심으로 무장하고 살면, 그게 곧 독립운동을 하는 것이 됩니다. 지금 이 나라를 다시 양심으로 건국시키려면 비상한 각오가 있어야 합니다. 모두가 지금까지 살아오던 그대로 살아간다면 계속 이 꼴밖에 못 보는 것이죠. 여러분도 그대로 살면 사신이 사는 그 상태에서 못 벗어날 것 같으니까, 뭐라도 답을 찾으려고 공부도 하고 계시지 않나요?

마찬가지로 이 나라도 뭔가 답을 찾아 나서야 해요. 그럼 누가 나서야 할까요? 한 분이라도 더 양심의 길을, 참된 정의의 길을 걷고자 마음을 내야 합니다. 민주주의에서 국가는 다수가 일을 만들어 가니까, 양심의 길에 마음을 내는 분이 한 명이라도 더 많아야 합니다. 그래서 제가 '양심 51%'를 주장하는 것입니다.

유튜브(YouTube) | 민주주의의 단점과 보완책

민주주의의 치명적 약점

민주주의가 잘못 운영되면 오히려 국민의 양심이 죽어 버려요. 여러분이 "세상이 원래 그런 거지." "여기가 헬(hell)이라서 그렇지." 하고 포기해 버리시면, 정치인들은 오히려 좋다고 할 거예요. "국민들이 우리를 안 보네? 우리끼리 또 해먹자." 하고 말입니다.

금방 죽을 둥 살 둥 하고 싸우던 정치인들도, 국민이 눈여겨보지 않으면 금방 서로 친해져서 같이 술 먹으러 다닐 거예요. 실제로 여당, 야당 의원들은 서로 어울려 다니는 사이잖아요? 그런데 국민이 지켜볼 때에는 먹살을 잡고 싸웁니다. 안 볼 때는 왜 싸우겠어요? 서로 좋은 게 좋은 건데요.

그래서 이 민주주의라는 제도를 올바르게 유지하려면 국민이 끝없이 깨어있어야 합니다. 민주주의는 사실 굉장히 피곤한 시스템이에요. 국민이 조금만 방심하면 눈을 뜨고서도 사기를 당하게 되거든요. 오히려 왕정은 달라요. 제가 군주정과 비교하니까 군주정을 좋아한다고 생각할 수도 있겠지만, 그건 아니에요.

'군주정'은 그 나라가 군주의 소유이기 때문에 군주가 잠을 안 자고서라도 신하들을 감시합니다. 내 것을 잘 지켜야 하니까요. 그런데 민주주의는 주인이 국민이죠? 주인이 너무 많다 보니, "누군가는 감시하겠지…." 하고 미루면서 모두가 발을 뻗고 잠을 잡니다. 이런 단점을 보완하려는 노력을 하지 않으면, 사실 군주정보다 못해지는 것이죠.

다른 예를 들어 볼까요? 일반 사기업에서 직원들은 함부로 기업의 돈에 손을 대지 못합니다. 회장님이 늘 지켜보고 있으니까요. 반면 공기업은 어떤가요? 마음대로 해먹습니다. 공기업의 주인인 국민들이 보고 있지 않으니까요. 국민의 돈은 사실 눈먼 돈인 것이죠.

그래서 공기업에서는 의자, 집기 등을 저렴한 것으로 구입해도 되는데, 예산을 다 쓰기 위해 일부러 비싼 것을 삽니다. 이런 짓을 사기업에서 했다가는 바로 징계를 받을 텐데, 공기업에서는 문제가 되지 않아요. 국민 중에 누가 그것을 알겠어요? 우리는 우리가 낸 세금이 어디서 어떻게 쓰이는지 잘 모르고 살지요. 그래서 끝없는 사기가 가능한 곳이 바로 이 공적 서비스의 영역입니다.

그렇기 때문에 특히 공적 서비스의 영역을 담당할 사람들, 즉 공무원들은 다른 조건을 따지지 말고 '양심'만 보고 채용해야 합니다. 오로지 '인성' '양심'을 봐야 해요. 공적 서비스에 천재가 필요할까요? 양심이 가장 중요합니다. 국민의 돈을 국민들이 보지 않는 곳에서도 정직하게 쓸 사람들부터 뽑아야 해요.

이런 당연한 얘기를 지금에야 논하고 있다는 것이 슬픈 일입니다. 이 정도의 내용은 사실 유치원 때부터 국민 누구에게나 상식이 되도록 가르쳐야 합니다. 그런데 우리는 민주주의가 뭔지를 너무 뒤늦게 알게 되었습니다. 그리고 이제 조금 알고 나서 돌아보니, 그동안 우리는 최고의 시스템인 민주주의 제도 안에서 잘 살고 있다고 착각하면서 허송세월하지 않았나요?

이런 제도를 가지고 무슨 선진국을 논할 수 있을까요? 사실 선진국들도 답을 못 찾고 있는데, 우리는 더 막막하죠. 하지만 답이 없는 게 아니에요. '보편적 양심'만 따르면 됩니다. 이제 정치인들은 사리사욕과 편견을 완전히 버리고 국민의 민심을 제대로 읽어서, 국민의 가장 정당한 양심을 온 힘을 다해, 최선을 다해 구현하려는 노력을 보여 주시면 돼요. 그러면 국민은 그런 분을 알아볼 것입니다. 긍정적인 노력을 하면, 긍정적인 결과가 분명히 뒤따르게 되어 있습니다.

유튜브(YouTube) | 민주주의 - 국민은 피곤하다!

삼권분립보다
국민의 이익이
우선이다

지금 우리나라가 '삼권분립' 등 서양의 정치 이론을 그대로 가져와서, 권력자, 정치인들이 자기에게만 이롭게 쓰고 있기 때문에 문제가 되는 것입니다. '입법부'인 국회는 국회의원들에게 유리한 것만 주장하고, '행정부'는 행정부대로 자기들에게 유리한 내용만 취하는 식으로 말입니다.

그런데 우리나라는 자체적으로 삼권분립을 주장한 적이 없습니다. 동양권에서는 역사적으로 삼권분립과 같이 권력을 분리해서 운용하지 않았습니다. 조선시대에도 국회와 같은 입법기관을 별도로 운용하지 않았죠. 사실 삼권분립은, 서양의 역사를 통해서 나온 민주주의의 한 모델일 뿐입니다. 그러니 우리가 그것을 그대로 따를 필요는 없습니다.

다만 삼권이 분립되었을 때 국민이 받는 서비스가 훨씬 더 좋아질 것 같다는 합의가 이루어지면, 그런 보편적인 가치를 수용하면 되는 것이죠. 그리고 그 가치의 구체적인 적용 방법은, 얼마든지 우리 민족이 창의적으로, 우리 문화에 맞게 만들어 낼 수 있을 것입니다.

그런데 우리는 그동안 이런 고민을 진지하게 해 본 적이 없었고, 그런 문제에 대한 반성도 제대로 되어 있지 않습니다. 그 반성이란 게 전혀 어려운 것이 아닙니다. 그게 무엇이든 양심적인지만 확인하면 되니까요. "양심적인가?" 하고 확인해 보아서 양심적이지 않은 부분이 있다면, "원형으로 돌아가자!" 이것이 제가 항상 주장하는 바입니다.

그렇다면 정치의 원형은 무엇일까요? 먼저 국민의 이익을 자신의 이익으로 아는 사람을 정치인으로 앉힐 것! 대의민주주의 제도에서 이것을 해내지 못한다면, 그 다음부터는 더 논할 필요가 없습니다. 왜냐? 대의정치의 구성원이 자격 미달인데, 그 구성원들에게 우리가 이론상에 있는 민주주의의 서비스를 제공해 달라고 하면 해 주겠습니까? 근본적으로 그렇게 해 줄 수 없는 사람들인데요.

국민이든, 정치인이든 앞으로 모두 양심경영 전문가가 되어야 합니다. 그래서 이 나라에서 아무리 심각한 사건이 터지더라도, 바로 마음을 리셋해서 선입견을 내려놓고, "어떤 것이 나와 국민 모두를 위하는 최선의 결정일까?" 하고 양심성찰을 통해 결론을 내릴 수 있어야 합니다. 이렇게 풀어 가야 문제가 제대로 풀립니다.

유튜브(YouTube) | 정치 – 원형으로 돌아가자

민주주의를
아직 몸으로
배우지 못했다

우리 민족에게는 교육법이나 헌법에서 제시하는 '민주시민'의 개념이 부족합니다. 사실 우리보다 먼저 헌법을 만든 다른 나라들은, 그 헌법을 만드는 과정에서 국민이 직접 전쟁이나 혁명을 일으켜서 권력자들과 몸으로 싸웠습니다. 프랑스혁명, 미국혁명 등을 일으키는 과정에서 국민 각자가 권력자들과 어떤 관계를 맺으면서, 어떻게 살아가야 하는지를 삶 속에서 연구했고, 그렇게 해서 헌법의 조문 하나하나가 만들어진 것이죠.

그러니 그 헌법이 가지는 의미가 우리와는 좀 다르겠죠? 그들은 실제로 민주주의를 삶에서 구현해 보려고 온몸을 바쳐 살아가면서 조문의 한 자, 한 자를 새긴 것입니다. 그래서 그 법이 개인에게 가지는 의미가 우리와는 달라요.

반면 우리나라는 어떤가요? 그렇게 만들어진 남의 나라 헌법들을 참조해서 우리 헌법을 만들었습니다. 좋은 말들을 모아서 만든 것이죠. 국민이 권력자와 싸워 가면서 조문 하나하나를 직접 만든 게 아니었다는 말이에요. 국민이 권리를 조금씩 쟁취해 가면서 "이런 권리가 국민에게 있구나!" 하고 확인하면서 헌법을 만든 게 아니었습니다.

그렇기 때문에 특히 우리 국민은 다른 나라보다 민주주의에 대한 교육을 더 받을 필요가 있습니다. 민주주의에 대한 우리의 경험이, 국민이 직접 민주주의를 만들어 냈던 다른 나라에 비해 훨씬 적으니까요. 우리는 그냥 수입한 거예요. 남들이 삼권분립을 한다니까 그냥 한 것이고, 남들이 이렇게 하니까 이렇게 한 거예요.

그러다 보니 이번 '박근혜·최순실 게이트'와 같은 사건을 겪으면서 우리 국민들이 촛불혁명을 통해 민주주의를 배우고 있는 것입니다. "어! 대통령을 끌어내릴 방법이 없네?" 이때 고민이 시작되고 헌법도 뒤져보게 되는 것이죠.

우리가 지금 굉장히 의미 있는 경험을 하고 있다는 것을 아시겠어요? 지금 국민 전체가 몰입해 있지요. "이 상황에서 국민이 어떻게 해야 올바른 권리를 쟁취할 수 있나?" 하는 관점에서 말입니다. 이제는 국민이 정치가들도 믿을 수 없다는 시각으로, 국민의 권리를 법전을 뒤져서 하나하나 따져 가며 살피고 있습니다. 지금이야말로 우리가 민주주의를 제대로 공부할 수 있는 최적기인 것이죠.

유튜브(YouTube) | 몸으로 배우는 민주주의

소시오패스가
지배하는
사회

소시오패스의 주변에 있는 사람들은 정신적으로 피폐해지거나 정신병에 걸리게 됩니다. 예를 들어, 소시오패스 상사 아래에 있는 직원은, 상식적인 차원에서 상사에게 인정받기 위해 노력을 할 텐데요, 그 자체가 이미 죽으러 가는 길과 같습니다.

왜냐하면 그 소시오패스 상사는 상식적인 노력에 아무런 관심이 없기 때문입니다. 여러분이 열심히 일하든 말든 전혀 관심이 없습니다. 자기에게 이득이 되는 일이면 좋아하고, 손해가 되는 일이 생기면 자신의 죄까지 모두 여러분에게 덮어씌워서 날려버릴 것입니다. 그러니 주변에 있는 상식적인 사람이 오히려 피해를 당하게 됩니다.

당장 그 사람들에게 이득을 줄 때에는 여러분도 인정을 받겠지만 뭔가 손해가 된다고 판단되는 순간, 그들은 '호리피해好利避害'(이익을 좋아하고 손해를 싫어함)로만 움직이니까 여러분은 바로 심각한 상처를 받게 돼 있어요. "내가 잘한 만큼 인정받겠지." 하고 접근했다가는 병원에 가거나 자살할 수밖에 없어요. 저는 그런 분들을 많이 봐 왔습니다. 사람은 자기의 모든 상식적 노력이 물거품이 된 것을 보고 나면, 살아갈 의욕 자체를 잃어버리게 됩니다. 한순간에 심각해지는 것이지요.

그런데 그런 소시오패스들이 지금 우리 사회의 곳곳에서 리더로서 자리를 잡고 있습니다. 왜일까요? 그 전의 리더도 그런 사람이었기 때문에, 유유상종이라 유능해 보인 것이죠. 그런 리더의 눈에는 그런 사람이 유능해 보여요. 양심을 찾는 선량한 사람은 그들의 눈에 유능해 보이지 않습니다. 남을 짓밟고서라도 살아남을 수 있는 사람들이 지금 우리 사회에서 서로를 끌어 주고 있다는 말입니다.

유튜브(YouTube) | 소시오패스 상사

왜 자꾸 욕심세력에게 패배하는가?

어느 시대나 '양심'은 싫어합니다. 소인배, 소시오패스들이 자기들끼리 이권을 다투느라 죽도록 싸우다가도, '양심세력'이 등장하면 모두가 단합해서 양심세력을 없애버립니다. 그러고 나면 다시 자기들끼리 싸워요. 그들 입장에서 양심세력은 무조건 죽여야 합니다. 왜냐하면, 양심세력은 그들이 놀던 판을 깨버릴 사람들이거든요.

소시오패스들끼리 죽자고 싸우는 것처럼 보이지만, 실제로는 정말로 목숨을 걸고 싸우는 것이 아닙니다. 왜 그럴까요? 이득이 되면 언제든지 서로 친구가 될 수 있는 관계거든요. 싸워서 이득이 되면 싸우는 것이고, 화해해서 이득이 되면 화해합니다. 그들에게는 '욕심의 충족'이 최우선 사항이니까요.

그 사람들은 오직 '욕심의 인도'만 따르기 때문에, 어제의 적이라도 오늘의 내 욕심이 "이제는 그만 해야지." 하면 바로 화해할 수 있습니다. 잘못했다고 사과하는 게 이득이면 바로 사과하고, 어제 사과했더라도 오늘 다시 모른척하는 것이 이득이라면 바로 무시합니다. 오직 욕심의 인도를 따르는 그런 무리들을 이겨내려면, 오직 '양심의 인도'를 따르는 사람들이 나와야 합니다.

그런데 그런 사람은 정말 드물지요. 우리 사회에는 욕심에 흔들리는 사람들이 훨씬 많기 때문에 소시오패스를 당해내지 못하는 것입니다. 욕심에 흔들리는 사람은, '욕심의 소리'만 따르는 사람을 이길 수 없습니다. 오직 '양심의 소리'만 따르는 사람들만이 그들을 제압할 수 있습니다. 그런데 그 수가 많지 않다 보니, 역사상 성인들이 나와도 사형을 당하거나 심한 고초를 겪게 된 것입니다. 욕심을 따르겠다는 사람들은 많은데, 양심을 따르겠다는 사람은 항상 수가 적으니까요.

그것을 역전시켜 보겠다고 제가 '양심 51%'를 주장하는 것입니다. 여러분의 머릿속에 꼭 새겨놓으세요. '양심 51%'. 개인적으로도 여러분의 마음 안에서 양심이 늘 51% 이상이어야 하고, 사회 전체적으로도 양심이 51% 이상 되어서 그 양심세력이 이 사회를 리드하도록 만들어 가야 합니다. 개인이나 사회나 움직이는 원리는 똑같습니다.

양심세력이 힘을 잃어버리는 순간, 우리는 참담한 삶을 살아가게 됩니다. 양심이 조금이라도 살아있는 사람일수록 더 괴로운 삶을 살게 됩니다. "차라리 양심이 없는 것이 낫지, 괜히 양심이 있으니까 마음이 더 괴롭구나!" 하는 식의 경험을 계속해야 하는 것이죠.

유튜브(YouTube) | 욕심 정치세력에게 승리하는 법

신 약육강식의 시대, 어떻게 살 것인가?

요즘 인문학 열풍이 불어서 우리가 외국의 유명 지식인들까지 초청해서 강의를 듣고 있는데요, 여러분이 정말로 찾고 싶은 답은 무엇인가요? 여러분이 듣고 싶은 이야기는 "인간이 어떻게 살아야 옳은가?" 그것 하나 아닌가요?

그런데 우리는 그런 정보를 인류사에서 가장 뛰어난 존재인 성인들에게서 구하지 않고, 엉뚱한 사람들에게서 듣고 있어요. 2,000여 년 전에 인류에게 위기가 왔을 때, 그 위기를 돌파해 낸 성인들의 가르침을 듣지 않고서 도대체 누구한테서 그 답을 들으려고 하는 것인가요?

여러분도 한번 답을 연구해 보세요! 유사 이래 그때 나왔던 것보다 인류에게 더 좋은 답이 나온 적이 없었습니다. 화이트헤드(Whitehead, Alfred North)라는 철학자는 "서양철학은 플라톤 철학의 각주일 뿐이다."라고 말하기도 했습니다. 서양철학의 원형이 플라톤 시대에 모두 제시되었다는 것이지요.

서양철학에 있어 철학적 사고의 원형은 그때 이미 등장했고, 그 뒤의 철학자들은 그 중의 일부를 재조합해서 자기만의 철학을 만든 것입니다. "나는 이 부분, 이 부분이 마음에 들어." 하면 그 부분들을 조합해서 무슨 철학, 무슨 철학 하는 식으로 다양한 이름의 철학이 만들어진 것뿐입니다.

그러나 서양철학 전체를 통해서 말하고 있는 것은 한 가지입니다. 인간이 답을 찾아내는 사유구조가 사실은 똑같기 때문입니다. 동양도 마찬가지입니다. 공자孔子가 내놓은 답보다 더 나은 답이 나오지 않았고, 예수가 내놓은 답 이상으로 발전하지 못했어요.

이런 전체적인 역사적, 철학적 흐름을 통해 보면, 우리가 지금 이 시대에 찾아야 하는 답도 "황금률을 잘 지키자!" "양심을 잘 지키자!" 하는 것뿐임을 알 수 있습니다. 다른 얘기는 모두 부질없는 소리일 뿐입니다.

"열반에 듭시다!" 죽은 뒤에나 있을 열반을 따져서 뭐 합니까? "정토에 갑시다!" 이것도 죽은 뒤에 있을 일 아닌가요? "천국에 갑시다!" 그렇게 천국이 좋으면 빨리 여길 떠나야죠. 이게 다 말이 아닌 소리들입니다. "지금 여기에서 어떻게 살 것인가?" "어떻게 욕심을 경영할 것인가?" 이것이 우리 앞에 놓인 진짜 화두인데, 엉뚱한 답들을 내놓고 있는 꼴이지요.

여러분은 오늘 하루를 어떻게 사실 건가요? 이 문제에 답을 주지 못하는 모든 철학은 엉터리라고 할 수 있습니다. 성인들은 모두 그 문제에 대한 답을 내려고 하신 것입니다. "오늘 하루를 내가 어떻게 사는 게 옳은가?" "나만이 아니라, 모든 인류에게 어떻게 살자고 할 것인가?" 그 문제를 풀기 위해 삶을 바쳐 연구했다는 것을 알고, 성인들의 삶을 연구해 보시기 바랍니다.

유튜브(YouTube) | 신약육강식의 시대, 어떻게 살 것인가?

행동하지 않으면 변하지 않는다

우리 사회에서는 힘 있는 사람들이 악을 저지르고, 거짓말을 하고, 표절을 하고, 사기를 쳐도 정당한 처벌을 받지 않고 있습니다. 사실 이 정도로 자정 능력이 떨어지는 사회라면 이 사회는 이미 썩을 대로 썩었다고 할 수 있습니다. 카르마의 집행이 전혀 되지 않고 있으니까요. 선에는 복을 주고 악에는 벌을 주는 것이 우주의 공식인데, 인간이 그런 작용을 돈을 이용해서 막고 있는 것이지요.

물도 본래 자연스럽게 정화 과정을 거치게 되어 있지만 오염이 너무 심하면 제대로 정화되지 못하듯이, 우리 사회에서 우주의 자정작용이 돌아가지 않으면 이 사회는 답이 없습니다. 우주가 아무리 악을 처단해도, 더 많은 악인이 나와서 윗자리를 차지해 버리면 사회 전체는 썩을 수밖에 없습니다. 더구나 힘 있는 사람들이 이런 자정작용을 막는 욕심문명을 따르고 지지하게 되면, 사회는 금방 썩어버립니다.

따라서 "자연은 선에 복을 주고 악에 벌을 준다는데 왜 세상은 이 모양입니까?" 하고 말할 게 아니라, 그런 우주의 자정작용이 사회 전체에 바로 집행될 수 있도록 인간이 나서서 돕지 않는다면, 우리 사회의 문제를 해결할 방법이 없다는 것을 알아야 합니다.

이것은 우리가 하늘에 기도를 하고 빈다고 해서 해결될 수 있는 문제가 아닙니다. 인간이 '양심'을 받아들여야, 그 인간으로 인해 사회에 인과응보가 집행될 수 있습니다. 선이 복을 받고 악이 벌을 받는 카르마의 자연스러운 현상이 인간의 에고의식을 통해 표현될 수 있는 것입니다. 반면, 우리의 에고의식이 모두 먹통 상태라면, 우주에서 아무리 손을 본들 장기적으로는 서서히 인과응보가 집행될지 모르지만, 당대에는 구현되기가 어렵습니다.

해결책은 우리 모두가 '양심지킴이'가 되는 것뿐입니다. 우리 사회에 인과법칙에 예민한 사람이 한 명이라도 더 많아져야 합니다. 여러분과 제가 아무리 양심을 실천해도 사회 전체가 썩어 있으면 표도 나지 않지요. 이왕이면 사회 전체에 양심의 물결이 치면 좋지 않겠습니까?

그렇게 양심을 지켜 가는 분들의 힘이, 이 사회를 움직이는 힘의 50%를 넘기게 될 때, 이 땅에 기적이 일어나는 것입니다. 그런 사회에서는 누군가가 악을 저질렀을 때, 사회 전체가 그 악을 매섭게 바라보고 죄에 응당한 처벌을 하게 됩니다. 과하지 않고 양심에 적합한 처벌을 하는 것이지요. 이런 사회를 한번 만들어 보면 어떨까요?

유튜브(YouTube) │ 사회의 자정작용

못 믿을 리더
앉혀 놓고
전전긍긍하는 현실

'양심'을 진심으로 좋아하는 사람은 가정도 양심으로 경영할 것입니다. 또한 그런 사람을 찾아서 나라에 등용 시켜 놓으면, 국가와 국민에게도 이로운 일만 할 것입니다. 굳이 국민들이 감시를 하지 않더라도, 어딘가에서 국민을 위하는 선택만 하고 있을 것입니다.

그런데 우리는 이런 리더를 뽑아서 자리에 앉히지 못하고 있기 때문에 늘 불안합니다. 감시를 하지 않으면 금방 딴생각을 할 것 같은 리더들을 위에 앉혀 놓고 있으면, 국민들이 맘 편히 일하거나 발 뻗고 잠을 잘 수 있겠어요? 늘 불안하겠지요.

기업에서는 자꾸 노조가 만들어지는데 왜 그럴까요? 경영자들을 믿지 못하기 때문이죠. 경영자가 정말로 양심적이라면, 직원들은 자기가 할 일만 열심히 하고 주는 월급을 받으면 되는데, 왜 우리는 경영자들을 의심하고, 혹시 사기를 치고 있지는 않은지 고민합니까? 믿을 사람이 없으니까 그러는 것이죠.

신기하게도 이런 문제에 대한 고민과 답은 2,500년 전에도 있었습니다. 『중용中庸』을 보면, 애공哀公이라는 정치가가 공자에게 "정치는 어떻게 하면 됩니까?" 하고 묻습니다. 그러자 공자는 '기인其人'(그 사람)에 대해 말합니다.

기독교의 재림 예수나 불교의 미륵과 같이 유교에서도 기다리는 사람이 있는데, 그 사람은 앞서 언급된 사람, 즉 정말로 양심적이어서 양심대로 움직여 버리는 사람입니다. 그런 사람을 유교에서 '그 사람'이라고 표현합니다. 그래서 공자가 "정책은 책에 다 있습니다. 다만 '그 사람'이 있으면 실행될 것이고, 그 사람이 없으면 실행되지 않을 것입니다." 하고 답한 것입니다.

그 사람을 '양심 오타쿠'라고 표현할 수도 있겠습니다. 정말로 양심을 따르는 것에 몰입하는 사람이죠. 이제 우리는 그런 오타쿠를 찾아내면 됩니다. 그런데 우리 사회에는 그런 양심 오타쿠를 흉내내는 가짜들이 많아요. 정치가들도 입만 열면 자기가 양심이라고 하지 않나요?

그러니 그런 사람들의 말을 그대로 믿지 말고, 그 사람이 진짜 오타쿠인지 아닌지를 살펴보아야 합니다. 그 어떤 것보다도 양심이 그 사람의 삶의 우선순위에 있어 높은 자리에 있는지를 확인해야 하는 것이죠. 양심을 좋아하더라도, 뇌물이 양심보다 우선순위가 바로 높아져 버릴 수도 있으니까요. 그러면 엉터리라는 것입니다.

유튜브(YouTube) | 못 믿을 리더

호구가 된 민주시민

어떤 사회에서 '상식'과 '양심'이 통하지 않는 것은, 그 사회에 '민주시민'의 수가 얼마 되지 않기 때문입니다. 그런 국가는 이름만 민주국가이지 실질적으로는 '민주국가'가 아니에요. 아무도 국민을 주인으로 대접해 주지 않는데, 이름만 민주국가라고 해서 민주국가가 되나요?

이것은 마치 "고객이 왕입니다!" 하는 말을 듣고 매장 안으로 들어갔더니 손님에게 바가지만 잔뜩 씌우는 꼴과 같습니다. 그런 대접을 받은 고객이 왕은 무슨 왕인가요? 호구죠. 민주국가에서는 국민이 호구가 되기 쉽습니다. 권력자들이 국민을 팔아서 뭐든지 할 수 있으니까요. '주권'이 국민에게 있다고 사탕발림해 가면서, 실제로는 무섭게 국민을 착취할 수 있는 시스템이 민주주의입니다.

그래서 플라톤을 비롯한 고대의 철학자들은 민주주의를 가장 수준이 낮은 정치체제로 여겼습니다. 민주주의에서는 국민들을 잘 선동하는 사람들, 요즘으로 치면 연예인과 같은 유명인들의 말을 추종하다가 국민들이 착취당하고 끝나기 쉬운데, 고전에 기록되어 있는 이런 민주주의의 문제점을 살펴보면, 오늘날 우리 사회의 모습과 너무나 똑같다는 것을 알 수 있습니다.

선동가들이 자기 욕심에 한 나라를 좌지우지하고 있는데, 국민은 자기들이 주인이라는 말에 휘둘려서 "아이고 좋다." 하다가 다 털릴 수 있다는 것이죠. 민주주의라는 시스템이 그 정도로 위험하기도 하다는 사실을 우리는 알아야 합니다.

이처럼 고전을 읽어 보면, 인간의 삶이란 것이 세월이 아무리 흘러도 거기서 거기라는 것을 알 수 있습니다. 그리고 인간이 계속해서 처하는 그런 문제 상황에서 탈출하려면, 결국 우리에게 '근본적인 처방'이 필요하다는 것도 알 수 있습니다.

그런데 플라톤은 그 처방을 어떻게 내렸나요? "진리를 아는 사람들(철인哲人)이 통치하면 된다."라고 말했습니다. 그렇다면 '진리를 아는 사람'이란 어떤 사람일까요? 바로 '양심지킴이'입니다.

유튜브(YouTube) │ 호구가 된 민주시민

국민의 양심을
대변해 줄
정치인이 없다

'정치政治'란 무엇입니까? "바르게 다스린다."라는 뜻이에요. 그리고 정치인은 잘못된 것을 보았을 때, 힘을 써서 바로잡는 사람을 말합니다. 그런데 그렇게 하려면 정치인은 자신의 '양심'에 엄청난 확신이 있어야 되겠죠? 그리고 국민의 양심을 정말로 예민하게 느껴야 할 것입니다. 이게 정치인의 기본이에요.

그런데 우리나라는 그런 기본이 되어 있지 않아서 지금 이 지경인 것입니다. 이번에 서울에서만 백만이 넘는 시민들이 촛불을 들고 모여서 잘못된 것들을 바로잡으라고 외쳤습니다. 그런데 그렇게 외치고 돌아갈 때 그분들의 마음 한 편은 사실 허

탈했을 것입니다. 분은 좀 풀렸겠지만 다시 씁쓸해지지요. 왜일까요? 믿을 사람이 없으니까요.

내 '양심'을 제대로 대변해 줄 사람만 있다면 우리가 발 뻗고 잠을 잘 수 있을 텐데 현실은 그렇지가 않지요. 그러니 이 땅에 군자와 보살, 즉 '양심지킴이'가 나오지 않는 한 답이 없다는 것입니다.

국민의 양심은 누가 대변해 주어야 하나요? "국민이 스스로 대변해라!" 하는 것은, 국민들더러 계속 생업을 포기하고 거리로 나와서 외치라는 말과 같습니다. 그런데 애초에 우리가 정치인과 같은 전문가를 왜 두었나요?

국민들 중에 누가 욕심을 부린다고 해도 국민들은 생업에 바빠서 다 조사할 수가 없으니까, 정치인들이 지켜보고 있다가 누군가가 농단을 부리면 때려서라도 바로잡으라고 둔 것 아닙니까? 그런 일을 하라고 국민이 세금으로 월급을 주는 것이지요. 그런데 바로 그 자리에서 착취가 일어나고 있었으니, 이 나라가 지금 이렇게 힘들지 않을 도리가 있습니까?

유튜브(YouTube) │ 정치 - 제발 국민을 대변해 줘!

꼼수가 아니라 소통이 필요하다

　현재 우리나라의 정치인들을 살펴보면, 정치의 기본을 모르는 분들이 너무나 많습니다. '민심'을 믿지 않고 있기 때문입니다. 그렇게 민중이 주인이라고 부르짖던 정치인마저도, 민중의 마음 안에 주권자로서의 마음인 '양심'이 있고, 그래서 민심이 무섭다는 사실을 잘 모릅니다. 그래서 민심을 잘 읽지 못하고 자꾸 다른 정치적인 계산을 합니다.

　무슨 일이 터졌을 때, 그 사건을 통해 자기 당이 뭔가 재미를 보려면 "지금 나서야 하는가?"만 계산한다는 것입니다. 즉, 그들이 계산을 하는 것이 국민의 양심의 구현이 아니라 자기 당의 당리당략이라는 것인데, 정말 안타까운 일이 아닐 수 없습니다. 그리고 그 어떤 정치인, 그 어떤 정당도 민심의 본질을 제대로 이야기하지 않습니다.

정치인들이 다들 무슨 묘수 같은 것을 찾고 있는 것 같은데, 사실 정치인이 꼭 절묘한 해법을 내놓지 않아도 됩니다. 국민이 원하는 것은 별 게 아닙니다. 예를 들면, 지금 정치인들이 탄핵이냐, 하야냐를 놓고 계속해서 싸우고 있는데, 그것이 중요한 게 아닙니다.

"우리는 국민의 마음을 읽어내고 있다. 국민들이여! 양심을 밝히는 것이 우리의 비전이다. 우리는 이 방향으로 가야 한다." 하고 국민과 소통해 주면 됩니다. 그런데 이런 정도의 말도 하지 못하는 것이 현재 우리나라 정치의 수준입니다.

구체적인 대안들을 내놓지 않더라도, 국민의 양심을 충족시키기 위해 최선을 다하고 있다는 모습을 보여 주어야 '소통'이 일어납니다. 국민과의 소통이 단절되면 정치인의 역할은 거기에서 끝입니다. "내가 나중에 묘수를 내놓으면 국민이 그때는 지지해 줄 거야." 하는 식의 모든 계산은 꼼수일 뿐입니다.

지금 이 순간, 국민이 아파하고 있습니다. 그러니 정치인은 계속해서 국민과 소통해 주어야 합니다. 여러분이 부모님이고 자녀가 아픈데 마땅한 약도 없다고 합시다. 그러면 어떻게 하시겠어요? 약이 없더라도, "어디가 아프냐? 얼마나 아프냐?" 하고 아픈 사람과 계속 소통하면서 답을 찾아가야죠. 그런 모습 자체를 보이지 않으니까 국민이 더욱 화를 내고 있는 것입니다.

유튜브(YouTube) | 꼼수가 아니라 소통

독재와 무능력,
정당한 권력이
답이다

인간의 사회는 '무정부의 혼란'과 '참혹한 독재'의 사이에서 왔다 갔다 할 뿐입니다. 국민이 권력을 넘겨 주면 독재로 변하고, 국민이 권력을 넘기기 싫어서 주지 않으면 무정부 상태에 빠지죠. 그런데 우리가 원하는 것은 무엇입니까? 독재가 답입니까? 무정부가 답인가요?

오직 '정당한 권력'이 답입니다. 이 점을 빨리 인정하고 '정당한 권력자'를 키워 내는 데에 집중했어야 했는데, 그동안 우리는 무엇에 집중했나요? 독재자로부터 권력을 빼앗거나, 빼앗기지 않으려는 행위에만 집중했지요. 독재자로부터 권력을 빼앗고 나면, 그 권력은 또 누가 차지합니까? 또 다른 독재자예요. 우리는 계속 이런 짓을 반복하고 있는 겁니다.

이제는 '정당한 권력'이라는 것에 대해 자나 깨나 연구해야 합니다. 인간의 삶이 힘들어지는 것은 모두 정당하지 못한 권력 때문입니다. '비양심적인 권력' 때문에 우리 사회와 삶 전체가 힘들고, 여기저기 힘없는 사람들이 죽어나가는데도 그것에 대해서는 아무도 연구를 하지 않고 있습니다.

제대로 돌아가는 기업은 주주에게 배당금을 잘 주는 기업이지, 자꾸 주주들을 불러다가 "이제 뭘 어떻게 할까요?" 하고 물어보는 기업이 아닙니다. 즉, 국민들이 걱정하지 않게 해 주는 나라가 가장 제대로 된 나라입니다. 국민들이 정치에 신경 쓸 필요가 없을 정도로 합리적으로 경영을 해서, 그 배당이 국민들에게 탁탁 떨어지는 나라 말입니다. 그래서 국민들이 "너를 지지한다, 더 해 봐라!" 하면 끝납니다.

이렇게 돌아가지 못하다 보니 "지금 경영자가 또 뭘 착복해 먹을지 모르니까 모여라." 하고 계속 모여서 감시하고 지켜봐야만 뭐가 된다고 생각합니다. 그런데 그런 쪽으로만 사회 시스템이 발전해 봐야 답이 없습니다. 어차피 칼자루를 쥔 쪽은 어떻게 해서든 마음대로 해먹을 것이고, 그 권력을 뺏자고 나선 사람들은 또 다른 권력의 들러리로 동원되고 맙니다.

그걸 또 빼앗고 싶은 누군가가 "문제 있지 않냐?" 하고 부추기면 난리가 나서 다 빼앗지만, 그 다음에 "제가 잘 해 보겠습니다." 하고 나오는 그 사람이 또 해먹습니다. 이건 제가 그냥 지어낸 이야기가 아니라, 역사의 기록이 그렇습니다. 수천 년간 이렇게 역사가 반복되면서 진행되는 것이 너무도 답답해서 드리는 말씀입니다. 세계사건, 한국사건 역사책을 읽어 보세요. 『조선왕조실록』이라도 한번 보세요. 이런 일이 계속 반복되고 있는데, 우리는 그것에 대한 어떤 대책도 가지고 있지 않습니다.

그 대책이 무엇인지 아십니까? 선거제도 개선, 정치제도 개선, 다 좋은데, 근본적으로 우리는 '정당한 권력'에 대해 처음부터 다시 배울 필요가 있습니다. 사실 아주 어릴 때부터 뼛속 깊이 이해하도록 배워야 해요. 반장이 정당하지 못한 권력을 휘두르면 학급 전체에 어떤 해악을 끼칠 수 있는지, 제대로 된 반장은 어떤 반장인지부터 아이들이 확고한 관점을 세워 나가도록 교육해야 합니다.

그래서 나이가 들더라도 리더를 뽑을 때, "내가 아무리 돈이 좋고, 뭐가 좋아도 저 사람을 뽑아 놓으면 우리 모두가 고생하니까 안 돼." 하고 결정할 수 있어야 합니다. 이것이 '주권자'로서의 올바른 모습 아닙니까? 따라서 어려서부터 '정당한 권력'에 대한 올바른 이미지가 확고하게 머릿속에 박혀 있어야 하는 것입니다.

그런데 권력을 부리면 큰일이라도 나는 줄 아는 사람들이 많습니다. 그래서 권력을 얻더라도, 그런 사람은 권력을 나누거나 없애버립니다. 그러면 통치라는 게 이루어지지 않습니다. 레임덕으로 끝나고 말지요.

'통치'라는 것은, 정당한 통치건 나쁜 통치건 간에 권력이 한 군데에서 나와야 합니다. 그게 통치의 기본이지요. 통치라는 것을 잘 모르는 사람이 권력을 쥐면 그 권력을 자꾸 나누고 해체시키는데, 그러면 본인은 아주 잘한 것 같지만, 권력을 나눠줬기 때문에 백가쟁명 百家爭鳴 으로 나라 전체가 무정부상태에 빠지게 됩니다.

이것은 한 군데서 권력이 나오지 않기 때문에 생기는 일입니다. 잠깐 쓰고 말아야 할 방편이 정론이 되어 버리면 이처럼 문제가 심각해집니다. 이런 식으로는 통치가 이루어질 수 없습니다.

동물이건, 식물이건 어떻게 살아가는지 한번 살펴보세요. 질서 정연하게 잘 굴러가는 사회가 되려면 중심이 '소수'여야 합니다. 인체도 '뇌'가 중심이 되어 돌아가고 있죠. 중심이 단일화되어 있을수록 전체가 더 큰 힘을 발휘합니다. 그리고 그 중심이 다수를 위해 일할 때 제대로 된 권력이라고 할 수 있고, 통치가 일어납니다. 이것이 '통치의 원형'입니다.

① 권력이 '한 점'에서 나와야 한다는 것과, ② 그 권력의 행사가 철저히 '국민'을 위한 것이어야 한다는 것. 이 2가지가 담보되지 않는 한, 우리가 어떤 작업을 하더라도 인간이 만들어낸 제도는 타락하게 되어 있다는 것을 알아야 합니다.

유튜브(YouTube) | 황극사상과 정치의 원상

문화지체 현상과 새로운 패러다임의 요구

한 문명은 계속 도전을 받고, 그 도전에 응전을 잘 해야 살아남습니다. 응전을 제대로 하지 못하면 그 문명은 도태됩니다. 그런데 응전을 할 때에는 다수가 하는 것이 아니라, 일반적으로 '소수'가 그 도전의 해법을 찾아냅니다.

지금 우리나라도 하나의 도전을 받고 있죠? 실로 엄청난 도전입니다. 그동안 '박정희 패러다임'으로, 정경이 유착된 채로 우리나라가 굴러왔어요. 재벌과 정치권력이 결탁되어서, 사실상 국민들을 착취해 가면서 이 정도의 수준을 유지하며 버텨 온 것입니다. 하지만 이대로 더는 못 갑니다.

이런 시스템의 문제점은 너무나도 민주적이지 않다는 것입니다. 당장의 성과는 나올지 몰라도, 오래 지속될 수 있는 시스템은 아닙니다. 이제부터는 국민 전체의 복지와 인권 수준을 신경 써야 하는데, 우리는 그런 방향으로 가지 못하고 있죠. 지난 민주정부 시절에 좀 바꿔 보려고 했다가, 지금은 오히려 더 유신시대로 복귀해 버렸습니다.

이번 박근혜·최순실 국정농단 사건은 이런 오래된 병폐를 완전히 털어 버릴 수 있는 기회입니다. 그 모든 문제들을 이번에 박근혜 대통령이 안고 터졌지요. 과거 유신시대의 문화를 배웠던 사람이 다시 이 시대에 대통령이 되어 시대착오적인 방법들을 써 봤다가 실패한 것입니다.

과거에는 먹혔지만, 지금은 절대 써서는 안 되는 그런 정책을 썼기 때문입니다. 아버지에게 배운 게 그거니까, 배운 대로 썼다가 이번에는 재벌까지 함께 털린 겁니다. 지금 실패하면 완전히 실패하는 것이 됩니다.

이런 상태에서 앞으로 국민들은 한동안 힘든 시간을 보내게 될 것입니다. 이것은 물질의 발전을 정신문화가 따라잡지 못하는 문화지체 현상이에요. 그게 지금 이 시대의 도전이고, 누군가 나서서 해법을 제시해서 효과적인 응전을 해야 합니다. 이런 현상을 극복하기 위한 새로운 패러다임을 제시해야 하는 것입니다.

지금 수많은 학자들과 국민들이 이점에 대해서는 정확히 보고 있어요. 한 시대가 끝나고 새로운 시대가 시작되는 시기라는 것과, 새로운 변화가 필요하다는 것은 누구나 알고 있습니다. 문제는 아직 누구도 그렇다할 해법을 제시하지 못하고 있다는 겁니다.

국민 다수가 계속 촛불을 들고 있으면 잘 될 거라고 믿는 것도 순진한 생각이고, "정치인들이 어떻게 해 주겠지." 하는 생각도 순진한 생각입니다. 지금까지 정치인들이 새로운 패러다임에 대한 해법을 제시한 적이 없었으니까요.

유튜브(YouTube) | 문화지체현상 – 새로운 패러다임의 요구

모든 사회문제의 원인, 비양심

문제의 직접적인 원인은 다양할지 몰라도 근본 원인은 오직 하나, '비양심'입니다. 모든 문제의 원인은 비양심, 즉 우리의 '편견과 아집'입니다. 자기 생각에 빠져 있는 '편견' 그리고 자기 욕심을 우선시하는 '아집' 말입니다. 나만 좋으면 일단 계속하고 싶은 그 마음이 모든 문제의 근본적인 원인이에요.

지금 우리 사회가 다양한 원인에 의해 발생한 각기 다른 사건들 때문에 힘든 것처럼 보이는데, 사실 모든 원인은 하나입니다. '비양심' 하나예요. '친일파'가 왜 문제입니까? 자기 혼자 잘살겠다고 민족을 팔아먹은 사람들이라서 문제입니다. '종북'

이 왜 문제입니까? 자기 신념 하나 지키기 위해 온 국민을 북한에 팔아먹겠다는 사람들 아닙니까? 그런 비양심이 문제인 것입니다.

다양한 모습으로 등장하는 것 같지만 사실 모두 하나예요. 한 캐릭터입니다. 비양심적인 캐릭터를 조심하세요. 그 비양심적인 사람들이 항상 나라를 팔아먹고, 자신을 위해서라면 별짓도 다 합니다. 어디서 매국노를 모집한다고 하면 항상 거기에 가서 손을 들고 있어요. 기회만 되면 "제가 하겠습니다." 하면서 다양한 모습으로 살아남지요.

그런 사람들이 학창시절에는 마치 가장 진보적인 사람인 것처럼 열심히 운동을 합니다. 대학생 때에는 그런 자리에 있어야 권력의 정점에 설 수 있기 때문입니다. 그러다가 졸업을 하면 어떻게 될까요?

또 취업한 곳에서 가장 열심히 "우리 회장님 만세!" 하고 충성합니다. 그러다가 정당에 들어가게 되면 어디로 갈까요? 어디든 상관없이 자기를 제일 우대해 주는 곳에 가서 일해요. "너 그동안 진보 쪽에서 일했잖아?" 그들에게는 그런 거 없어요. 그 사람들은 한결같아요. 오직 '욕심'을 위해서만 살아가니까요.

일반인들이 그런 비양심적인 사람들에게 당하는 이유가 뭘까요? 일반인들은 차마 그렇게 하지 못하기 때문입니다. 오늘 진보 편에서 열심히 부르짖다가 내일 바로 보수 편에 서지 못합니다. 그게 일반인의 상식이에요. 그러니 일반인이 그들을 이해하지 못하는 것입니다.

그런데 그들은 그렇지 않습니다. 조금이라도 자기에게 이득이 되는 곳을 찾아 일관되게 돌아다니고 있을 뿐입니다. 그러니까 내일 다른 곳에서 더 후하게 대접하겠다고 하면 당장 떠납니다. "국가를 위해 내가 거국적인 결단을 내렸다." 하고 명분을 만들어 버리면 그만이에요. 우리 사회의 문제를 볼 때 이런 비양심의 모습을 잘 살펴보아야 합니다.

유튜브(YouTube) | 모든 문제의 시작 - 비양심

양심이 기죽는 사회

한국 사회가 잘 되려면, 적어도 양심적으로 사는 사람들이 기죽는 세상이 되어선 안 됩니다. 지금 우리 사회가 올바른 방향으로 가고 있는지 아닌지를, 이 기준으로 판단해 볼 수 있습니다. '양심'을 지키려는 사람들이 기죽거나, 사회에서 탄압받거나, 박해받거나, 착취를 당하는 사회가 되어 가고 있다면, 그 사회는 심각한 병증이 생긴 상태라고 할 수 있습니다.

사회가 건강해지려면, 양심적으로 살려는 사람들이 인정받고, 칭찬받고, 기려져야 합니다. 선진국일수록 그런 면에서는 우리보다 훨씬 낫습니다. 반면 후진국으로 갈수록 양심을 챙기는 사람이 사회에서 바보 취급을 당합니다. "쟤는 아직 살만한 가 보네, 양심까지 챙기고." 하고 말입니다.

그래서 제가 "양심이 답이다!"라고 주장할 때, 그 말을 듣고 겁이 나게 되는 여러분의 마음을 충분히 이해합니다. 한국 사회에서 지금 '양심'을 따랐다가는 바로 배격당할 수도 있다고 걱정하시는 것이죠. 그렇다고 해서 우리가 이런 식으로 계속 힘들게 살 수는 없는 것 아닌가요? 바꿔야지요!

아무리 지금이 모두가 '불법'을 저지르는 시대라고 하더라도, 나마저 함께 법을 어겨 버리면 이제 영원히 이 사회에서는 답이 없는 것 아닌가요? 그러니 미약한 힘이지만 우리부터라도 법을 지키면서, 뭔가 이 사회가 정화되는 방향으로, 우리가 감당할 수 있는 선에서 한 수씩은 두어야 할 것입니다.

그렇다고 해서, 이런 이야기만 듣고서는 갑자기 직장에서 '양심선언'을 하다가 해고되고, 그러시지 말고 버티세요. 여러분이 지금 계신 그 자리에서 굳건히 버티시면서, 자신의 삶의 조건에서 양심이 무엇인지를 먼저 이해하도록 하세요. 그것이 지금 우리가 할 수 있는 최선입니다.

제가 이런 이야기를 하는 이유는, 많은 사람들이 '양심'이라고 생각하는 것이 실제로는 양심이 아닌 경우가 많기 때문입니다. 시작은 양심적이었더라도 결론은 양심이 아닌 경우가 많아요. 우리가 이렇게 양심을 혼동하는 이유는, 내면에서 양심의 충동이 일어났더라도 우리가 그 양심에 욕심을 보태 버리는 경우가 흔하기 때문입니다.

자신의 편견과 고집을 양심에 살짝 얹는 것이지요. 그렇게 되면 그 결과는 양심도 아니고, 양심이 아닌 것도 아닌 애매한 상태가 됩니다. 그런데 그것을 양심으로 생각하고 지키려고 고생하면 여러분이 힘들어지고 올바른 답도 나오지 않습니다.

유튜브(YouTube) | 양심이 기죽는 사회

공기업과 이윤

　공기업이 수익을 많이 냈다면서 자기들끼리 보너스 잔치를 하고 파티를 열었다는 기사를 종종 볼 수 있는데요, 공기업은 사기업처럼 수익을 내기 위해 존재하는 곳이 아닙니다.

　공기업은 손해를 보더라도, 사기업들이 신경을 쓰지 않는 국민의 기본적인 삶의 욕구를 만족시켜 주어야 합니다. 즉, 국민의 기본적인 '욕망의 충족'과 심오한 '양심의 충족'을 위해, 국민들이 세금을 냄으로써 공기업도 돌아가게 하고, 정부도 돌아가게 하고 있는 것입니다.

그런데 지금 우리나라의 공기업들이 돌아가는 모습을 보면, 공기업의 관리자들은 자기들이 왜 그 자리에 있는지를 전혀 모르는 것처럼 보입니다. 공기업이 국민에게서 받은 세금으로 성과를 내서야 되겠습니까? 국민이 그 성과를 함께 축하해 줄 수 있을까요?

그렇다면 공기업은 어떤 성과를 자축해야 할까요? 공기업이 고생한 덕분에 국민들의 삶이 나아졌다는 사실에 대해 자축해야 합니다. 그게 최고의 성과인데, 점점 그런 개념을 잃어가고 있어요. 공기업을 자본주의의 한 기업으로 보더라도 마땅히 그래야 할 일입니다. 국민에 대한 서비스 개선을 통해 국민을 만족시키는 것이 그들이 해야 할 기본 업무이니까요.

양심을
비웃는 사회

제가 "양심이 답입니다!" 하면 그게 우리 사회에서 당연한 말로 여겨져야 하는데, 실제로 해 보면 호응하는 사람이 의외로 적습니다. "편하게 사셨나 보네!" "지금 세상에 양심이 답이라는 게 말이 되나?" 하는 식의 반응이 더 많습니다.

그렇게 말씀하시는 분의 마음 안에도 양심이 있을 텐데, 왜 그런 말을 굳이 하게 됐을까요? 이 사회에서 살면서 엄청나게 시달렸기 때문일 것입니다. 우리 본연의 '양심의 소리'가 점점 속으로 잦아들고 '욕심의 소리'가 커졌기 때문에, 머릿속에서 "내가 살고 있는 이 사회에서는 그런 게 아닌 것 같다." 하는 결론이 내려진 것이죠.

"사람이 사는 일은 양심으로 되는 게 아닌 것 같다." "이 사회에서는 남들도 좀 짓밟을 줄 알아야 잘살 수 있는 것 같다." 이런 결론이 사람들 사이에서 점점 보편적으로 내려지고 있다는 사실은, 이 사회가 그만큼 올바른 길에서 멀어졌고, 건강하지 않은 상태로 가고 있다는 의미로 해석할 수 있습니다.

명확한 기준을 가지고 우리 사회를 보시기 바랍니다. 사회에 있어서는 그 무엇보다 '정의 구현'이 첫째입니다. 정치가 국민 모두를 사랑해 주지는 못하더라도, '정의'만큼은 온전히 구현해야 합니다. 정의를 구현하지 못하는 정치제도는 국민이 바로 뜯어 고쳐서 바꿔야 합니다.

정치를 통해 모든 국민을 다 사랑해 주기는 어렵겠지요. 그런데 '정의'라는 것은 '최소한의 사랑'을 의미합니다. 이것은 국가가 국민에게 피해를 주지 않고, 억울한 사람이 나오지 않게 만들겠다는 선언입니다.

국가의 1차적인 의무가 바로 이 '정의'입니다. 각자 자기의 것을 지키면서 남의 것을 넘보지 않고, 그래서 서로에게 피해를 주지 않는 사회를 국가가 만들어 주어야 합니다.

유튜브(YouTube) | 권선징악이 집행되는 사회

젊은이들에게 희망이 없는 사회

사람들은 젊은이들에게 "눈을 낮춰라." "알바부터 해라." 하고 말하지만 그게 쉬운 일이 아닙니다. 왜냐하면, 일단 알바에 한 번 뛰어들면 그것으로 끝난 거니까요. 거기에서 더 좋은 조건의 자리로 올라간다는 것은 거의 불가능합니다. 그냥 그 세계에서 살다가 끝나기 때문에 자기 생의 희망이 사라지는 것이 됩니다.

그런데 실제로 알바 전선에 계신 분들은 그 자리에서 오래 버틸 수 있는 것도 아닙니다. 나이가 차면 다른 젊은 알바들이 또 치고 들어오기 때문에 버티기가 힘듭니다. 이게 현실입니다. 그러니까 이번 생의 그림이 빤해져 버리는 것이죠.

그런데 시대는 좋아져서, '돈'만 있으면 뭐든지 할 수 있는 시대로 가고 있습니다. 그런데 자기는 그런 돈을 쓸 수 없고, 그런 삶을 누릴 수 없다는 게 뻔해진다는 거죠. 그러면서 남들이 여유롭게 즐기며 사는 것을 계속 보면서 살아야 한다고 생각하면 괴롭겠죠. 자기는 절대 누릴 희망이 없는 것을 계속해서 매체에서 봐야 해요. 그게 힘드니까 다 끊어버리고 싶지만, 그것마저 끊어지면 세상에서 소외되어 살 수가 없습니다.

그래서 블로그나, 페이스북 친구라도 있어야 사는데, 그 친구가 해외여행 가서 자랑삼아 찍은 사진을 보고 더 스트레스를 받게 됩니다. 그 친구는 어쩌다가 해외여행 한 번 가서 찍은 것이겠지만, 보는 사람 입장에서는 그런 것들만 올라오기 때문에 서로가 서로에게 피해를 주는 게 됩니다.

자기는 그나마 그게 제일 행복했던 모습이라 찍어서 올린 건데, 누군가는 그걸 모아서 보면 화가 나는 거죠. "나는 지금 이렇게 힘든데, 남들은 다 잘사나 보다." 이렇게 서로 스트레스를 주고 있는 게 실상입니다.

비정규직에서 좀 버티면서 일 잘한다는 소리를 아무리 들어도 소용이 없습니다. 공석이 생겨서 한 명 뽑는다고 할 때 갑자기 고위층 자제 하나가 들어와서 치고 올라가죠. 일도 못하고, 스펙이 미달이어도 아무 상관이 없습니다. 모두가 그 사람을 쓰면 안 된다고 해도 결국 그 사람을 쓰고 끝납니다. 그래서 비정규직 직원은 2년이 지나면 일을 잘하든 못하든 또 다른 데를 찾아 나서야 하는 것이죠.

지금 젊은이들이 다들 그렇게 살고 있어요. 게다가 우리 사회는 이런 문제가 개선될 것이라는 희망이 없어지는 방향으로 나아가고 있습니다. 따라서 이 문제는 개인만의 문제가 아니고, 스스로를 너무 자책할 문제도 아닙니다. 실제로 이 시대의 젊은이라면 누구나 겪고 있는 상황이기 때문입니다.

그래서 저는 판 자체를 바꿔야 한다는 생각입니다. 이런 것을 가지고 실망하고 자책하면 안 된다고 생각해요. 또 이런 식으로 계속 가지는 못 할 거라고 확신합니다. 물론 모두가 손을 놓고 있으면 이런 상태가 계속되고 점점 더 악화되겠죠.

저는 항상 이렇게 주장합니다. "욕심에게 맡겨 놓으면 점점 더 안 좋아진다." "정신 차리고 덤비면 상황을 분명히 바꿀 수 있다." "지금 포기할 일이 아니고, 자신에 대해 실망할 필요도 없다." 실망하는 것 자체가 이미 이 사회가 짜놓은 판에 말려드는 거예요.

사실 '부가가치'를 창조하지 못하는 사람은 없습니다. 여러분이 부모님께 따뜻한 말 한 마디 건네는 것, 그게 훨씬 위대한 일입니다. 직장에 가서 내내 웹서핑을 하다가 와도 월급을 받았으니까 직장에서 한 일은 의미가 있고, 가족과 나누는 대화는 돈이 되지 않으니 의미가 없다고 한다면, 이게 말이 됩니까?

사실 직장에서 계속 자리만 지키고 놀다 오는 사람들도 많은데, 그래도 그 일은 월급이 들어오니까 의미가 있는 일이라고 생각하죠. 반면 집에 와서 가족과 다정한 대화를 나누고, 가족들이 힘들 때 도와주고, 이런 일은 '부가가치 창조'가 안 된다고 생각합니다. 직장에서 동료들과 시간 때우고 놀다가 야근도 그냥 거짓으로 했어도 돈을 벌었으니까 뿌듯해 한다는 것은 뭔가 모순적이죠? 저는 이런 문화를 타파해야 한다고 봅니다.

물론 직장에서 열심히 일하느라 고생하시는 분들은 예외입니다. 다만 실제로는 모두가 그렇게 성실하게 일하는 것은 아니니까, 단순히 직장이 없거나 조건이 나쁘다고 해서 그렇게 주눅이 들 필요가 없다는 말씀을 드리려는 것입니다. 우리가 이런 얘기를 서로 자꾸 하지 않으면, 누군가는 자기 스스로에 대해 쉽게 오판하고 좌절해 버릴 수도 있습니다.

사회가 나를 원하지 않고, 친구가 나를 찾지 않고, 비전이 없고, 희망이 없고, 막상 용기를 내서 문을 두드려 보면 내가 갈 수 있는 자리는 뻔하고, 이건 거의 '신분제'가 만들어져 있는 격이지요. "우리 회사에 들어오려면 최하위 신분으로 들어와, 그럼 받아줄게." 그런데 사람 사는 맛이 또 그런가요? 교육 수준이 눈을 엄청 높여 놨는데, 자녀들에게 눈을 낮추라고 해도 그게 쉬운 얘기가 아니에요.

예전에는 눈을 낮추고 들어갔어도 올라갈 수가 있었지요. 그런데 지금은 눈을 낮추고 들어가면 거기가 끝이에요. 실제로 딱 거기에서 끝납니다. '희망'이 없는 사회는 이렇게 다릅니다. 지금 우리 사회가 이렇게 흘러가고 있는데, 이런 판을 깰 수 있는 힘은 오직 모두를 위하는 마음인 '양심'에서 나옵니다.

유튜브(YouTube) | 희망이 없는 젊은 세대

엉터리 법 집행

얼마 전에 황당한 기사를 본 적이 있습니다. 주거 침입에 절도에 강간까지 저지른 사람이, 피해자와 합의를 봤고 반성의 기미가 보인다는 이유로 '집행유예'로 풀려난 것입니다. 그런데 양심경영 전문가인 제 입장에서는, 판사가 '반성의 기미'라는 것을 어떻게 판단하는지 이해가 되지 않습니다.

재판정에서 판결을 앞두고 있는데 눈물을 흘려야 자기에게 유리하다면, 눈물 좀 흘리는 게 어려운 일일까요? 피해자와 돈으로 합의를 했다고 해서 감형이 된다면, 죄를 지었어도 돈만 내면 된다는 것인가요? 눈물 좀 흘리고 돈을 낸 것을 반성으로 볼 수 있을까요? 모두 불확실한 요소들 아닌가요?

이런 왜곡된 법 집행의 사례들을 보면, 마치 국가가 국민으로 하여금 기회가 되면 범법을 행해도 된다는 신호를 보내고 있는 것 같습니다. '양심'에 근거하지 않은 '입법'과 '법의 집행과 판단'은, 국민의 정의감의 싹을 잘라 버립니다.

이런 일이 생기면 피해자는 뭐가 됩니까? 피해자는 "내 억울함을 호소해 봤자, 나는 분명히 국가로부터 온당한 처우를 받지 못할 것이다. 내 한을 풀 수 없을 것이다." 하고 결론을 내리게 되겠죠. 반면 가해자는 "웬만하면 집행유예로 나올 것이다. 반성을 많이 하고 합의를 하면 되니까, 무슨 짓을 해도 된다." 서로 이렇게 학습해 가는 것이지요.

현장에서 이렇게 잘못된 교육이 이루어지고 있는데, 교과서에서 아무리 "남을 사랑하라! 원칙을 지켜라! 양심을 지켜라!" 하고 가르친들 효과가 없는 게 당연한 일이지요. 그런데 이런 세상에서 『양심이 답이다』라는 책을 낸 저는, 얼마나 세상을 모르는 사람인가요? "양심이 답이다!"라는 게 얼마나 순진한 생각인가요?

결국 이렇게 결론이 나고 맙니다. 우리 모두가 추구하는 삶의 '원형'(본래의 모습)이 분명히 존재하는데, 우리가 그 원형을 향해 가지 못하고 있다는 게 우리의 '실존'입니다. 그리고 "인간의 삶의 원형을 되찾아 한다!"라는 것이 우리의 '화두'입니다.

유튜브(YouTube) | 엉터리 법 집행

우리는 지금 욕심문명의 장場에 있다

우리의 욕망을 가장 강하게 자극하는 것은 '욕망의 만능키'라고 할 수 있는 '돈'입니다. 물물교환 시대에는 돈과 같은 만능키가 없었기 때문에 서로 물건을 교환해야 했고, 화폐경제가 발달하지 않았던 시대에는 한 개인이 욕망을 부린다고 해도 그것을 성취하는 데에 한계가 많았습니다. 그런데 이 '돈'이라는 것이 제대로 자리를 잡은 이후에는, 우리가 돈만 손에 쥐면 그것으로 무엇이든지 다 얻을 수 있게 되었습니다.

이제는 어떤 대상에 대해 욕망을 품든, 돈이면 다 얻을 수 있습니다. 욕망 성취의 수단이 하나로 단일화된 것이지요. 이건 마치 인간의 욕망에 고속도로를 놓아준 것과 같습니다. 돈만 가지면 원하는 것을 다 이룰 수 있으니까요. 그래서 이 돈이라는 것이 물질문명을 대표하는 것이고, 그것을 얻기 위해서라면 인간이 별짓도 다 할 수 있는 겁니다. 이것만 얻으면 나의 모든 욕망의 성취가 보장되기 때문이지요.

그래서 인류는 역사적으로 이런 화폐경제가 지나치게 발달되는 것을 무척 경계해 왔고, 그래서 상인들을 탄압하기도 했습니다. 어떤 문명이건 상인들이 득세하게 되면 모든 것이 돈으로 귀결되기 때문에, 그것을 막겠다는 명분이 있었습니다.

그렇다고 해서 그게 정당한 일은 아니지요. 돈을 누른다고 해서 '욕심문명'이 갑자기 다른 문명으로 바뀌는 것도 아니고요. 그렇다면 과거에는 인류가 무엇으로 욕심문명을 유지했을까요? '신분'입니다. 우리나라에서는 무력이나, 과거급제 등을 통해 신분제가 유지되었습니다.

신분제에서는 전쟁에서 공을 세웠거나, 지식을 많이 갖고 있어야 높은 신분을 얻을 수 있었습니다. 과거의 욕심문명에서는 주로 장군들이 왕이 되었어요. 힘을 가진 사람이 왕이 되고, 지식인들은 그 왕정에 복무했습니다. 정보를 제공해 줌으로써 신분을 보장받는 어용 지식인들과, 힘을 가진 사람들이 서로 공생하는 사회구조였던 것이지요.

그런데 신분제에서 높은 신분을 가진 사람들은, 돈을 많이 가진 사람들을 경계할 수밖에 없습니다. '돈'이 그 시대의 주된 힘을 가지는 존재가 되어 버리면, 그들의 신분의 근간이 되는 '지식'도, '권력'도 모두 흔들리기 때문입니다. 그런 '돈의 힘'이 극치가 되는 시스템이 지금의 '자본주의'입니다. 돈이 이 세상을 완전히 장악하게 된 것이지요.

그래서 지금 우리 사회는 어떻습니까? '권력·종교·지식'이 모두 '돈' 아래에 있죠. 돈이 제일이에요. 예를 들어 여러분도 돈만 가지면, 여러분을 위한 절이나 교회 등을 만들어 종교 활동을 할 수도 있습니다. 스님, 목사, 철학자들에게는 월급을 주면 되는 것이고요.

한국 사람들은 다른 나라 사람들보다 특히 돈을 많이 갖기를 원합니다. 돈만 있으면 이 나라는 천국이니까요. 법도 엉망이라 돈 가진 사람들을 더 배려하고 있습니다. 심지어 외국 기업들도 다른 나라에서는 도덕군자처럼 행동하기 때문에 존경을 받는데, 한국에서만은 고객에게 깡패처럼 함부로 대합니다. 법이 그들을 보호해 주고 있기 때문입니다.

이렇게 법망이 허술하고 문제가 많은데, 국민들은 그것을 깨어서 냉정하게 보고 있는 게 아니라, 함께 '욕심'에 취해 있어요. 절박한 처지에 몰려 있는 사람들조차도, 사태가 왜 이렇게까지 나빠졌는지를 잘 모르면서 끌려가고 있는 상황입니다.

'욕심문명'은 매정하게도 그런 약자들을 한 번 더 벗겨 먹지요. 절대로 그런 사람들에게 손을 내밀지 않습니다. 손을 내미는 척하면서 한 번 더 착취합니다. 그러면 또 다음 사람이 와서 "어쩌다 이렇게 됐니?" 하면서 한 번 또 털어 갑니다.

"어떻게 이럴 수 있나?"라고 할 때, 누군가가 찾아와 눈물을 닦아 주면서 또 털어 가는 게 '욕심문명'입니다. 욕심문명이라는 것의 기본 원리가 본래 그렇습니다. 인간이 온전한 존재가 못 되다 보니, 일단 그런 장이 펼쳐지면 너도나도 그렇게 변하게 되는 것입니다.

유튜브(YouTube) | 돈의 시대 – 욕망의 고속도로

20세기의 왜곡된 기억과 상처

우리나라는 과거에 월남전에 참전했는데요, 참전한 사람들이 그때 죽거나 죽인 사람들을 생각하면 어떨까요? 온전한 정신으로 잘살 수 있을까요? 그런데 우리는 그렇게 해서 가난하고 어려운 시대를 살아남았습니다. 참으로 처절한 삶의 역사입니다. 결국 내 새끼 밥 먹이려고 전쟁에 나간 격이니까요.

사실 월남전이라는 것은 또 다른 착취의 역사인데, 가난을 면하려고 우리도 그 대열에 동참한 것입니다. 그리고 그 사실이 부끄러우니까 자꾸 명분을 만들어 세뇌해야 했습니다. 공산주의는 사라져야 하는 것이고, 공산당은 죽일 놈들이라고 계속 되뇌면서 말입니다. 그러니 공산당이 죽일 놈이 아니면 큰일이 나는 것이지요.

6.25전쟁 때 우리가 우리 형제들을 죽였는데, 왜 그랬나요? 공산당이라서 죽였습니다. 우리나라를 침범해 왔기 때문에 죽였단 말이에요. 그런데 공산당이 죽일 놈이 아니면 어떻게 되나요? 심각한 정신적인 혼돈을 겪게 됩니다. 이런 과거로부터의 아픔까지도 품고서 우리는 앞으로 나아가야 합니다.

그러니 이런 문제들에 대해 늘 연구해야 합니다. 이것은 실존했던 우리의 역사이자, 지금 풀리지 않고 있는 많은 사회적 모순들의 원인이니, 결국 우리가 해결해야 할 우리의 문제입니다.

그리고 이런 문제를 합리적으로 풀어 가기 위해, 우리 사회를 '양심 51%'로 만들어야 합니다. 그러면 우리가 그런 역사의 과오를 대면하여 양심적으로 해결할 수 있게 되고, 이 사회에서 더 이상 그와 같은 험한 꼴을 보지 않아도 됩니다.

한두 명의 양심은 먹히지 않습니다. 하지만 '양심'이 대세가 되면 상황이 달라집니다. 또 다시 그런 일을 겪지 않아도 되는 것입니다. 양심을 어기는 사람들이 단죄되고, 인간쓰레기 취급을 받는 사회를 만들지 못하면, 역사의 과오는 반복될 수밖에 없습니다.

유튜브(YouTube) | 20세기 왜곡된 기억과 상처

색깔론을 틀어막아라

지금 우리나라는 '종북'이니 뭐니 이런 말을 할 상황이 아니고 그럴 때도 아닙니다. 그런 이상한 색깔론, 이념 논쟁을 꺼내는 사람들의 입을 막아야 합니다. 지금 이 시대에 아직도 그런 소리를 하고 있다는 게 신기한 일입니다. 종북 소리를 듣는 정치인들이 정말로 종북이었다면, 어떻게 그들이 많은 국민으로부터 당선이 되고, 국민들이 계속 지지를 해 줄 수 있겠습니까?

국민을 그렇게 믿지 못하면서 무슨 민주주의를 하나요? 국민들이 최소한의 검증은 해 가면서 뽑을 것 아닙니까? 물론 우리는 종종 실수를 합니다. 그래놓고 또 실수해서 이번 박근혜·최순실 사태의 경우처럼 국민들이 뒤통수를 맞기도 합니다. 하지만 기본적으로 국민 자체를 믿지 않으면 민주주의를 할 필요가 없지요. 힘 있는 사람들끼리 그냥 알아서 하면 됩니다.

사실 '색깔론'이나 '지역감정'을 부추기는 사람들이 '민주주의의 주적'입니다. 그것으로 이득을 볼 사람들이 그 말을 꺼내지요. 색깔 논쟁을 일으켜서 이득을 볼 사람이 그 말을 하고 다닙니다. 자기에게 너무 많은 이득이 있어서, 체면 불고하고 남을 빨갱이로 모는 것이지요.

그런데 그런 사람들은 오히려 빨갱이가 없어지는 것을 싫어합니다. 빨갱이는 그들을 위해 계속 존재해야 합니다. 북한이 존재해야, 그 사실을 이용해서 국민들을 협박할 수 있으니까요. 사실 그런 사람들이 오히려 친북입니다. 북한에 의지해서 살아가는 사람들이니까요.

'비양심'이 더 큰 문제입니다. 역사는 언제나 '욕심세력'과 '양심세력'의 대결이라고 할 수 있습니다. 어느 상황에서든 국민 모두를 위하는 양심세력과, 국민을 내버리고 자신의 이익만 추구하는 욕심세력의 대결인 것입니다. 욕심세력이 50%를 넘으면 시대를 불문하고 그 나라는 '난세'를 향해 가게 됩니다. 그러면 그 시대의 국민들은 모두 고생할 수밖에 없습니다.

유튜브(YouTube) | 양심의 적 – 색깔론과 지역감정

우리 안의 4대 강적

우리 안에 '4대 강적'이 존재합니다. 종교계의 '불교'와 '기독교', 정치계의 '진보'와 '보수'가 그것입니다. 이념의 대결과 종교의 대결 때문에 우리나라 국민들은 지금 정신이 다 찢어진 채로 살아가고 있는 것과 같은 상태입니다. 심지어 한 가족 안에서도 종교와 이념 때문에 서로 찢어져 있습니다. 가정도 이렇게 하나가 되지 못하는데, 국가가 무슨 수로 하나가 되겠습니까?

이제 진보, 보수의 이념갈등도 좀 내려놓아야 합니다. 광화문 광장에 백만이 넘는 시민이 나가 정의를 외쳤는데도 정치인들은 어떤 반응을 보였나요? 국민은 안중에 없고, 오직 대통령 하나 살리겠다는 소시오패스 무리들이 뭐라 말하던가요? 빨갱이들이 사람들에게 돈을 주고 사주해서 촛불집회를 일으켰다고 모함했습니다.

물론 그런 말을 할 수는 있어요. 대한민국은 민주사회이니까요. 하지만 우리 사회가 건강하다면 바로 '자정작용'이 일어나야 합니다. 우리 몸에도 외부로부터 '병균'이 들어올 수 있지요. 제가 볼 때 그런 사람들은 우리 사회의 병균이에요. 그 병균이 난동을 부릴 수는 있어요. 하지만 몸의 면역력이 강하다면 어떻게 될까요? 그 병균에 대응하는 면역 반응이 바로바로 일어나야 해요.

지금은 그나마 우리 사회가 최악은 면한 상태입니다. 과거에는 정치인의 선동에 상당수가 넘어갔지만 이제는 사람들이 더 이상 쉽게 넘어가지 않으니까요. 지금은 오히려 우리 사회가 건강해지고 있습니다. '면역력'이 회복되고 있는 것이지요. 빨갱이니 뭐니 그렇게 이념갈등을 부추기는 말들이 더 이상 이 땅에서 먹히지 않아야 합니다.

유튜브(YouTube) | 홍익당의 사명2 – 국론통합

진실은 승리한다

촛불집회 뿐만이 아니라, 태극기 집회에 참석하는 분들도 주장하는 내용이 같습니다. "진실은 승리한다." 양심 자체에 대해서는 모두가 공감합니다. '양심'은 누가 들어도 맞다고 인정할 수밖에 없는 보편적인 진리인 것이지요.

사실 지금 우리나라의 정치인들도 자기와 이해관계에 걸리지 않는 문제에 대해서는 '보편적인 양심'에 맞게 말을 합니다. 그런데 조금이라도 자기와 이해관계가 엮이면 대번에 말을 바꿉니다. 여러분 입장에서는 갑자기 그 사람이 달리 보이고 배신감이 들 수 있겠지만, 그게 당연한 일입니다.

왜냐하면 그 사람들은 한때 양심적으로 보였을지 몰라도, 일관되게 '호리피해好利避害'(이익은 좋아하고 손해는 싫어함)의 삶을 살아가기 때문입니다. 그때에는 그 양심적인 말을 하는 것이 자기에게 이득이 되었기 때문에 한 것이고, 지금을 그런 말을 하는 것이 나에게 불리하기 때문에 하지 않는 것입니다.

이번에 박근혜 전 대통령을 탄핵하는 과정에서도 정치인들이 얼마나 계산기를 두드리던가요? 그 소리가 하도 커서 온 국민들에게 다 들릴 지경이었죠. 국민에게는 그런 소리를 듣고 있는 것 자체가 큰 스트레스입니다. 그렇게 스트레스를 받다 보니 참을 수 없어서 눈이 오고 비가 와도 수많은 사람들이 거리로 모인 것 아닙니까?

그런데 그렇게 많은 국민들이 뭐라도 해 보겠다고 뛰쳐나와서 외쳐 봐야, 정치인들이 그 소리를 들어 주지 않으면 끝이지요. 여러분은 정치인들더러 들으라고 길에 나와서 계속 외치는 것인데, 정치인들이 여러분의 말을 들어 주지 않으면 어떻게 하실 건가요? 정치인들은 계산속이 복잡합니다.

자기들의 계산에 맞으면 "촛불 시민들이 이렇게 말하는데?"

하면서 촛불집회를 이용하다가, 자기가 얻을 것을 얻고 나면, "촛불집회가 너무 과열됐다." "촛불집회만이 민심이 아니다." "지금 나라를 위해서는 더 중요한 다른 문제가 있다." 하고 뒤로 빠져 버립니다. 그런 식으로 말을 만들어 내는 것은, 정치인들에게 일도 아니지요.

우리의 민심이 현실화되려면, 민심을 그대로 따라 주는 믿을 수 있는 '정당'이 존재해야 합니다. 오직 양심만 따르는 정당이 있어야 해요. 그런데 지금 우리에게는 그런 정당이 없습니다. 그래서 우리가 민심을 대변하는 정당을 만들고 키워서 국민의 뜻을 그대로 정치인들에게 전달하고, 국회의 의사결정에 영향을 주도록 만드는 것이, 촛불집회만큼이나 중요한 일입니다.

이제는 그런 새로운 역사를 한번 시작해 보자는 것입니다. 이제는 그럴 때가 되지 않았나요? 언제까지 국민은 외치고 정치인들은 그것을 악용하는, 그런 구조 속에서 살아가실 건가요? 당장 보세요. 이 땅에 그런 정당을 만들어서 그런 일을 해 보자고 누가 주장합니까? 아무도 하지 않지요.

지금 우리나라의 정당은 각자 자기들의 이익을 주장하는 하나의 '이익 집단'입니다. 우리는 학교에서도 정당은 이익 집단이라고 배웠습니다. 수많은 정당들이 각자의 이익을 주장하면서 서로 싸우고 경쟁해 가며 만들어가는 것이 올바른 민주주의라는 것이죠. 그런데 루소는 『사회계약론』에서, 절대로 한 나라에 여러 개의 정당이 있으면 안 된다고 주장했습니다.

사실 루소는 '정당' 자체를 인정하지 않았습니다. 왜일까요? 정당은 자기들의 이익을 위해서만 움직이지, 국민을 위해서는 움직이지 않는다고 보았기 때문입니다. 정당들 각자가 모두 그런 이익 집단일 뿐이라면 사실 그 나라는 큰일이 나는 것인데, 지금 우리나라의 현실을 보면 그 말이 맞지 않은가요?

왜 이런 문제들이 생길까요? 모두 '양심' 때문입니다. 양심을 주장하고 지키려는 정당이 아니라면 모두 개별적인 사익 추구의 집단일 뿐입니다. 사익을 집단적으로 외치는 것일 뿐이죠. 여러분이 자기 집값을 올리겠다고 사람들을 모아서 집단을 이루고 정치적인 목소리까지 높이면, 그게 하나의 정당이 되는 것입니다. 하지만 그런 집단이 국민을 위해 그 주장을 외치는 것이 아닌 한 단순한 이익 집단일 뿐입니다.

우리에게는 국민 전체의 이익을 외치는 집단이 필요한 것인데, 지금의 정당 구조 하에서는 다른 방식이 없지요. 정당을 만들되, 당리당략을 따지지 않고 국익만을 외치는 정당을 만들어야 하는데, 이게 기존 정치인들에게서는 이루어지기 어렵습니다. 설사 그런 정당이 존재한다고 해도 어떤 정치인이 그런 정당에 가겠습니까? 자기 공천도 보장해 주지 않는 그런 정당에 누가 가겠어요?

그런데 우리는 한번 해 보자는 겁니다. 오랜 세월 '양심경영'을 연구해 왔고 '양심'을 삶의 가장 큰 가치로 알고 사는 사람들이 아니면, 그런 일을 할 수 없습니다. 우리가 하지 않으면 아무도 하지 않을 일이라서 우리가 움직이려는 것입니다. 누가 미쳤다고 양심만을 지키는 정당을 만들겠어요? 왜 자기 돈과 노력을 들여서 그런 짓을 할까요? 아무도 할 리가 없는 일이에요. 그래서 누가 하나요?

돈을 써서라도 그런 목표를 이루고 싶어 하는 '양심 오타쿠'가 해야지 누가 하겠어요? 돈을 들이고 고생을 하더라도 '양심정당'을 만든 것만으로도 마음이 뿌듯하고 밤에 잠이 오지 않을 정도로 설레는, 그런 사람들이 해야겠지요. 저는 그런 분들을 모아 보려고 지난 13년간 양심 지킴이 양성소인 '홍익학당'을 열어 운영해 왔습니다. 그래서 여러분의 양심을 밝히는 데에 도움이 되는 일이라면 제가 무엇이든지 말씀을 드렸고, 그렇게 지금까지 함께 수행해 온 것이죠.

2 양심정치란 무엇인가?

대한민국 민주시민에게 고함

국가의 '주권'은 '국민'에게 있습니다. 사실 이것은 인류에게 국가가 생긴 이래로 당연한 것이었습니다. 그래서 동양에서는 "민심이 천심이다!" "백성은 임금의 하늘이다!"라고 하였고, 로마에서는 "왕권은 인민에게서 나온다!"라고 하였던 것입니다.

역사 이래 모든 권력은 '국민'에게서 나왔습니다. 그런데 과거 군주정·귀족정·민주정 등을 거쳐 오면서, 국민의 '국가 의사의 결정권'인 '주권'의 행사는 점점 더 제약되었습니다. 그래서 국민에게 마치 주권이 없는 것처럼 여겨지게 되었던 것입니다. 그리고 주권의 자유로운 행사가 제약된 만큼, 그 시대의 국민들은 착취를 당했습니다.

사실 인류는 공동체를 이룬 이래, 국민들의 '자발적인 주권의 행사'를 통한 권력의 양도에 의해서만, 정부가 권력을 행사할 수 있었습니다. 그러니 '정부'가 지닌 권력은 오직 국민들이 부여한 것입니다. 그리고 국민이 정부에게 그러한 큰 권력을 준 것은 오직 '양심의 명령'(공익을 위하는 보편의지, 양심법)을 구현하라는 암묵적 합의에 의한 것이었습니다.

동서양의 철학자들은 일찍이 이러한 진실을 간파하고, 국민의 주권이 온전히 구현되는 사회를 이상사회로 보았으며, ① 국민 전체가 지닌 보편적인 '양심법'을 '실정법'으로 잘 표현하고(입법권의 행사), ② 양심적으로 법을 집행하며(행정권의 행사), ③ 양심에 의거하여 법으로 심판하는(사법권의 행사) 정부를 올바른 정부로 보았습니다.

이렇게 볼 때 '정치政治'(올바르게 다스림)란, 오직 국민의 진정한 대변인들이 정부를 구성하고, 국민 전체를 위하는 '양심의 명령'에 따라 법을 만들어 집행하고 심판하는 것일 뿐입니다. 따라서 국민 전체를 위하는 '양심의 명령'(양심법)을 저버릴 때,

그 권력은 어떠한 정당성도 얻을 수 없게 됩니다. 그래서 동양에서는 일찍이 "민심이 떠나면 천명天命도 떠난다!" "민심을 잃은 군주는 이미 천하의 왕따일 뿐이다!"라고 했던 것입니다.

진정한 민주주의를 이루고자 한다면, 먼저 시민들이 각성하여 스스로의 '양심'을 온전히 지킬 수 있어야 합니다. '양심지킴이'가 되어야 합니다. 본래 '주권'(국가의 의사를 결정하는 권력)은 '국민 전체'의 이해득실에 관련된 의사를 결정하는 권력이니, '양심의 명령에 따라 국민 전체에게 이로운 것을 취하고 해로운 것을 피하는 결정을 하는 권력'을 말합니다. '양심을 구현하는 권력'이 바로 주권인 것입니다.

따라서 '국민 전체의 입장'에서 '양심'을 지키는 것, 국민 모두에게 이로운 결정을 하는 것이야말로 진정한 주권자가 되는 길입니다. 양심을 지키지 않는 이, 국민 전체의 이익을 무시하는 이는 참된 주권자가 아닙니다. '욕심의 명령'(개별의지)은 결코 국민의 보편적 뜻이 아닙니다. 개인적인 욕심만을 중시하는 사람은 진정한 주권자가 되지 못합니다. 그런 사람은 결코 국민이 주권을 온전히 행사하는 민주주의의 참맛을 보지 못할 것입니다.

"내가 받고 싶은 것을 남에게 베풀고, 내가 당하기 싫은 일은 남에게 가하지 마라!"라는 '홍익인간弘益人間 이념'이야말로 진정한 '양심의 명령'입니다. 이 명령을 저버린 주권자는 국민의 배신자이며, 이 명령을 저버린 정당과 정부는 국민의 공적일 뿐입니다. '양심의 명령'(보편의지)을 구현하는 것이야말로 진정한 주권의 행사입니다.

민주시민이여, '주권'을 행사합시다! '양심'을 지킵시다! 오직 양심에만 복종합시다! 국민 전체의 이익을 위해 판단하고 실천합시다! 그리고 주권을 행사하여 '진정한 주권의 대리인'에게 입법권·행정권·사법권 등 각종 권력을 맡깁시다! '양심경영 전문가'가 아니고서 어느 누가, 국민의 양심을 구현하고자 노력하겠습니까?

국민이 주권을 지닌 이래, 진정한 주권자 대접을 받지 못한 것은 모두 양심경영 전문가를 대리인으로 삼지 못했기 때문입니다! 우리가 '대의정치代議政治'를 피할 수 없다고 볼 때, 정치의 성공 여부는 결국 '양심적 리더'를 얻느냐, 얻지 못하느냐에 달려있다고 볼 수 있습니다.

'양심경영 전문가'로서 국민의 양심을 대변하는 양심적 리더를 만나면, 진정으로 국민을 주권자로 대접하는 민주주의를 누리게 될 것이며, 오직 자신의 사리사욕만 챙기는 비양심적 리더를 만나면, 국민은 개·돼지처럼 착취를 당하게 될 것입니다. 지난 역사가 이를 생생히 증명하고 있지 않습니까?

이 때문에 서양의 '철인정치'에서 양심경영 전문가에 의한 정치를 주장한 것이며, 동양에서도 양심적 리더에 의한 정치인 '왕도정치'를 강조한 것입니다. 정치는 오직 '양심경영 전문가'에게 맡겨야 합니다. 그래야만 국민의 주권이 온전히 구현될 수 있습니다. 정치의 목적은 오직 국민의 주권을 올바르게 구현하는 것에 있습니다. 따라서 국민의 양심을 존중하는 리더가 아니고서는 절대로 민주국가는 이루어지지 않습니다.

유튜브(YouTube) | 대한민국 민주시민에게 고함

정치의 본질을 잊지 말자

'정치'란 국민의 '양심적 요구', 즉 '국민 모두를 위하는 보편의지의 요구'를 성실히 구현하는 것일 뿐입니다. 아무리 준비된 정치인이니 정치 9단이니 떠들어도, 개인적인 편견과 아집에 빠져서 국민의 양심적 요구를 구현하지 못하면 하류 정치인일 뿐입니다. 정치 9단이 아니라 꼼수 9단일 뿐이죠.

국민의 양심적 요구는 도외시하고, 자기들끼리 자뻑에 빠져서 "우리는 준비된 정치인입니다." 하고 떠들어 봐야 국민에게는 아무 의미가 없는 소리입니다. 그것은 광신자들이나 할 저열한 행동입니다.

자신들이 구축해 놓은 틀에 매몰되어, 국민의 양심적 요구에 충실히 부응하려는 정치 행위마저도 포퓰리즘이니 하면서 공격하는 것은 참으로 어리석은 짓입니다. 물론 국민의 양심적 요구를 구현하는 척하면서 자신의 인기 관리에만 몰두하는 경우에는 포퓰리즘에 대한 비판이 가해져야 마땅합니다.

하지만 단순히 자신의 편이 아니라는 이유로 상대방을 포퓰리즘으로 몰아세우며 자위하는 것은, 참으로 비겁한 행동이지요. 그런 행위 자체가 국민의 '양심적 요구'를 도외시한 것이니, 저열한 정치의식의 산물일 뿐입니다. 이 땅에 올바른 정치문화가 정착되기를 바란다면 특히나 삼가야 할 행위라고 봅니다.

정치인이라면 순수한 초심으로 돌아가서, 상대방에 대한 근거 없는 비방보다는 오직 국민의 '양심적 요구'에 최선을 다해 부합하고자 노력하고, 국민의 심판을 기다리는 것이 가장 올바른 자세일 것입니다. 그 외의 쓸데없는 논쟁은 국민에게 아무 도움이 되지 않을 뿐만 아니라, 국익에도 해가 되는 소모적인 일이 될 뿐입니다.

정치에 관하여 오랜 세월 관심을 갖고 연구해 온 분들의 전문성은 높이 사나, 자신들이 이미 편견과 아집의 틀에 빠져 진정한 정치의 본질을 잃어버리지는 않았는지에 대한 성찰이 늘 필요하다고 봅니다.

양심의 6원칙을 따르는 국가경영

저는 어떤 교리를 말하려는 것이 아니라, '양심의 6원칙'을 제시하려는 것입니다. '양심의 6원칙'(① 사랑 ② 정의 ③ 예절 ④ 지혜 ⑤ 성실 ⑥ 몰입)은 여러분에게 "가족에게는 이렇게 대하십시오.", "자녀에게는 이렇게 대하십시오.", "정치는 이렇게 해야 합니다." 하는 가이드라인을 제시해 줍니다.

따라서 저는 "노동정책은 무조건 이렇게 되어야만 선이다." 하고 미리 답을 내려놓고 있는 것이 아닙니다. 제가 제안해 드리려는 답은 오직 한 가지입니다. "내가 당하기 싫은 것은 남에게 하지 마십시오.", "매 순간 그 상황에서 가장 자명한 것을 선택하십시오."

이런 큰 원칙에 따라 움직이면, 어떤 불변의 틀을 짜놓고 그 이론의 도그마대로만 움직이는 일부 정치 세력과 달리, 독선이나 아집에 빠질 수가 없습니다. '양심의 6원칙'에 따라 움직이면, 노동문제 하나만 해도 정말 유연하게 대처할 수 있습니다. 우리나라가 처한 현 상황에 대해 각 당사자들의 얘기를 다 들어 보고, 모두가 만족할 만한 자명한 결정을 내리면 됩니다.

그런데 진보, 보수 등 '양심'보다 '도그마'가 앞서면 반드시 문제가 생깁니다. 현실을 무시하는 주장을 하는 것이죠. "이게 아니면 선이 아니다. 악이다." 이것은 대화를 하자는 태도가 아니지요. 사실 진보 정권들의 많은 문제가 바로 이런 독선에서 비롯된 것입니다. 즉, 국민도 호응하기 어려운 그런 대안을 내놓고 따르라고만 하는 것이죠.

노동자를 위한 정당들도 참 열심히 활동하는데 지지율이 높지가 않죠. 왜 그럴까요? 대부분의 국민이 그 정당의 독선에 대해 거부감을 갖고 있기 때문입니다. 함께 대화를 하자는 게 아니라 일방적으로 가르치려 하고, 무조건 우리를 따라오라는 식이니까요. "우리 말만 들으면 산다." 하고 말입니다.

반면 '양심의 6원칙'(① 사랑 ② 정의 ③ 예절 ④ 지혜 ⑤ 성실 ⑥ 몰입)이란 것은 어떤 결론을 낼지 알 수가 없습니다. '국민의 양심'이 어떤 결론을 내릴지는 미리 재단할 수 없으니까요. 그래서 온 국민이 양심의 6원칙대로 판단했더니 어떤 안이 가장 자명한 것 같다는 결론이 나면, 정부는 그대로 실천하면 된다는 것입니다. '양심을 지키는 것', 그것 하나를 제외하고는 미리 결론을 내리지 말자는 것이죠.

양심이 어떤 것인지, 그것만 우리가 정확히 알고 믿으면서, 온 국민의 양심에 의견을 물으면서 같이 가자는 것입니다. 제가 주장하는 이런 정치는 기존에 없던 정치입니다. 새로운 정치적 실험이라고 할 수 있습니다. 전 세계적으로도 지금 이런 주장을 하는 정당이나 정치인이 없을 겁니다. 양심 각성을 말하려면 철학적 기반을 갖추고 있어야 하는데, 그 정도의 철학을 갖춘 정당이 없기 때문입니다.

양심정당(정부)이 지켜야 할 6가지 원칙은 다음과 같습니다.

1 정당(정부)은 편견과 욕심을 벗어나 양심의 명령에 깨어 있어야 한다! (양심각성)
2 정당(정부)은 국민과 진심으로 소통하고, 국민에게 이로운 결정을 내려야 한다! (사랑)
3 정당(정부)은 국민을 공정하게 대하고 부당한 피해를 주는 결정을 해서는 안 된다! (정의)
4 정당(정부)은 국민의 입장을 진심으로 수용해야 한다! 또한 국민의 공복임을 명심하고 늘 겸손해야 한다! (예절)
5 정당(정부)은 어떤 난관이 있더라도 양심의 구현을 정당(정부)의 사명으로 알고 최선을 다해야 한다! (성실)
6 정당(정부)은 근거가 있는 자명한 진실에 기반을 두고 의사결정을 내려야 한다! (지혜)

이러한 원칙을 바탕으로 양심적 리더가 지켜야 할 6가지 원칙은 다음과 같습니다.

1 리더는 편견과 욕심을 벗어나 양심의 명령에 깨어있어야 한다! (양심각성)
2 리더는 팔로워와 진심으로 소통하고, 팔로워에게 이로운 결정을 내려야 한다! (사랑)

3 리더는 팔로워를 공정하게 대하고 부당한 피해를 주는 결정을 해서는 안 된다! (정의)

4 리더는 팔로워의 입장을 진심으로 수용해야 한다! 또한 팔로워로 인해 자신이 존재함을 명심하고 늘 겸손해야 한다! (예절)

5 리더는 어떤 난관이 있더라도 양심의 구현을 자신의 사명으로 알고 최선을 다해야 한다! (성실)

6 리더는 근거가 있는 자명한 진실에 기반을 두고 결정을 내려야 한다! (지혜)

유튜브(YouTube) | 새로운 정치적 실험 - 양심정치

헌법에 기록된 양심

우리나라 헌법에서는 "모든 국민은 양심의 자유를 가진다." 라고 명시하고 있습니다. 그런데 헌법에서 말하는 양심은 '보편적인 양심'이 아니라, '개인적인 신념'에 가깝습니다. 즉, 개인이 옳다고 판단하고 믿는 신념의 자유를 보장하고 있는 것입니다. 따라서 헌법에 따르면 사이비 종교인들이 믿는 신념도 양심이고, 특정 종교에 대한 신앙 때문에 병역을 거부하는 것도 양심입니다. 이것은 모두 양심을 오도시키는 측면이 있습니다.

어느 특정 종교의 교리에 빠져서 병역을 거부하는 것은 누가 봐도 '비양심'입니다. 그런데도 이름이 '양심적 병역거부'가 되는 것은, 헌법상 양심을 그렇게 규정하고 있기 때문입니다. 개인적인 판단에 의해 옳다고 믿고서 어떤 난관이 와도 목숨을 걸고 그렇게 하려고 하는 것, 그걸 그냥 '양심'이라고 해 놓은 것이죠.

그런 양심이면 개인마다 각자의 양심이 다르겠지요. 그런 논리를 가지고서 법관들이 "법률과 양심에 따라 재판하라!"라고 하면, "개인마다 다른 신념으로 재판을 하면 안 되지!"라는 반응이 나올 수밖에 없습니다. 그래서 '양심'은 빼야 한다는 의견까지 나오는 것입니다.

이런 사실을 보면, 법을 연구하는 분들이 '보편적인 양심'에 대해서는 잘 모르고 계신다는 것을 알 수 있습니다. 우리나라의 법학 교수나 헌법을 해석하는 분들도 전혀 '보편적인 양심'을 전제하지 않고 풀고 있습니다.

우리나라 헌법의 가장 심각한 문제점은, '보편적 양심'에 대해서 정확히 설명을 하지 못하고 있다는 것입니다. 사실은 헌법 자체가 보편적 양심에 뿌리를 두고 있는데 말입니다. 양심을 전제하지 않고서 어떻게 헌법을 말할 수 있나요? 사람들이 각자

개별적인 양심만 가지고 있다면, 법으로 사익을 제한한다느니 공익을 추구한다느니, 이런 이야기를 어떻게 할 수 있나요? 그 헌법에 우리 모두가 동의해야 하는데요?

이런 말들 자체가 서로 모순이고, 말이 안 되는 소리지요. 양심 얘기도 제대로 못하는 헌법, 이런 부분은 나중에라도 반드시 개정이 필요합니다. 보편적인 양심에 부합되지 않는 것은 모두 바꾸어야 합니다.

유튜브(YouTube) | 헌법의 문제점 - 양심의 정의

양심이 추상적이라고?

제가 "양심이 답이다."라고 말하면, "양심은 너무 추상적인데요?"라는 반응을 종종 접합니다. 양심은 내가 당하기 싫은 것을 남에게 하지 않는 것입니다. 남에게 싫은 일을 당하면 바로 기분이 나빠질 텐데, 그게 추상적인가요?

제가 여러분에게, 저라면 정말 당하기 싫은 일을 몇 가지만 하면, 여러분의 안색이 바로 나빠지고 분위기가 험해질 텐데요? 길을 가는 강아지가 웃고 있을 때 한번 발로 차 보세요. 강아지의 이성이 잘 발달되어 있지 않아도 그런 일을 당하면 매우 기분 나빠합니다. 이게 추상적인가요?

양심 때문에 힘들어서, 그 추운 날 수많은 시민들이 광화문 광장에 나가서 촛불을 들고 떨면서 소리쳤습니다. 양심 때문에 많은 사람들이 그 자리에 갔던 것입니다. 인간에게는 자기 몸 따뜻한 것, 자기 몸 편한 것을 추구하는 '욕심'이 있는데, 왜 거기에 가서 그러고 있었을까요? 당장 자기가 직접적으로 부당한 일을 당한 것도 아닌데, 왜?

못 견디셨기 때문이죠. 정의롭지 못한 정권이 국민의 혈세를 가지고 마음대로 농단을 부리고 있었다는 사실에 못 견디신 것이죠. 그 마음이 첫째입니다. 사람마다 제각기 욕심도 있겠지만, 양심의 마음이 제일 커서, 굳이 "어디 좀 따뜻한 데에 들어가서 쉬고 싶다." 하는 마음을 물리치고 그 자리에 가 계셨던 거예요. 자기 양심이 전혀 추상적인 게 아니라, 그렇게 생생하게 살아 있다는 것을 느껴 보세요.

유튜브(YouTube) | 양심, 너무 추상적인데요?

왜 촛불을 들었습니까?

제가 선문답처럼 질문을 던진 적이 있어요. "여러분은 왜 촛불을 들었습니까?" 최순실 때문에? 박근혜 때문에? 아닙니다, '양심' 때문입니다. 여러분의 욕심이 추운 날 따뜻한 방에 좀 있자고 얘기해도, "아, 불편해서 못 참겠다." 하고 거리로 뛰쳐나가게 만든, 바로 그 마음이 '양심'이라는 것입니다.

결국 여러분이 촛불을 든 것, 그것 하나도 여러분이 양심이 찜찜하지 않은 선에서 행동하기 위해 든 것이고, 인터넷에서 열심히 '좋아요'를 누르거나 댓글을 달고 다니는 것도 양심이 그렇게 시키니까 하고 계신 겁니다.

그런데 제가 "양심이 답입니다."라고 말하면 "그럴 리가요." 이렇게 나옵니다. 본인은 양심 때문에 잠도 못 자고 움직이면서, 추운 날 촛불 들고 뛰어다니시면서, 양심에 대해 얘기하면 "그런 이상적인 얘기, 추상적인 얘기는 와 닿지 않습니다." 하고 말해요. 뭔가 문제가 있다는 것을 느끼시나요?

양심은 결코 추상적인 것이 아닙니다. 여러분이 한참 촛불을 들고 다니시다가 "오늘은 이 정도 했으면 됐다."라고 누가 얘기할까요? "집에 가자." 하는 것도 양심이 결정하는 겁니다. 양심이 아직 찜찜하다면 더 버티셔야죠. 이렇게 작은 일 하나하나 모두 양심이 작용해서 결정됩니다.

지금 마음에 찜찜한 일 하나 정도는 있지 않으신가요? 가족 간에 뭔가 트러블 하나가 있는데, 왜 마음이 찜찜할까요? 그 일을 자신이 좀 더 양심적으로 해결하지 못했기 때문에 찜찜하신 거예요. 그러면 해결책은 어디에 있을까요?

여러분이 찜찜함을 느낀다는 것은 답이 뭔지도 알고 있다는 의미예요. 마음에 찜찜하지 않은 방식 그대로 하지 않아서 찜찜한 것이니까요. 항상 자신의 내면의 소리를 더 섬세하게 들으면 그 안에 답이 있어요.

그런데 왜 우리는 문제가 생겼을 때 답이 없는 것처럼 느낄까요? 양심이 시키는 대로 하면, 뭔가 내 체면이 구겨지는 것 같고, 내 자아에 상처가 오기 때문에 회피하고 싶은 것일 뿐입니다. 하지만 답은 항상 있습니다. 나라의 모든 정책의 집행도 결국 '보편적 양심'에 답이 다 있습니다. 다만 우리가 꼼수를 부릴 뿐이죠.

유튜브(YouTube) | 이게 다 양심 때문이다

민심은 국민의 보편적 양심이다

동양에서 "민심이 천심이다."라고 말할 때, 그 민심은 내 집값이 오르기를 바라는 그런 마음이 아니라, 바로 국민의 '보편적 양심'을 의미합니다. 정치가 국민의 양심이 분노하게 만들어서는 안 됩니다. 잘하는 정치는 국민들이 부당하다고 느끼지 않게 해 주는 정치죠.

'양심'은 어떤 선을 넘어서면 분노합니다. 즉, "네가 이런 일 당하면 좋겠냐?" 하는 마음이 들면 분노하게 됩니다. 국민의 마음에서 그런 분노가 커진다는 것은 정치가 잘못되고 있다는 의미이고, 조직에서 그런 일이 벌어지고 있다면 리더가 심각하게 반성해야 할 일입니다.

그런데 조직원들이 뭔가 부당하다고 느끼고 심각하게 분노하고 있을 때, 양심 없는 리더는 그 분노가 잘못된 것이라고 우기기 쉽습니다. 반면 양심 있는 리더라면, 그 직원들이 무엇을 부당하다고 느끼는지를 들어서, "아, 이게 부당하다고 느끼는구나." "말을 들어 보니 나라도 부당하다고 느끼겠다." 하고 공감한 뒤에 "내가 미처 생각하지 못했는데 이런 식으로 처리하겠다." 하면서 직원들과 소통할 것입니다. 그러면 그 불길이 가라앉게 됩니다.

이런 양심교육을 어려서부터 받지 못한 채로 세상사에 뛰어든 사람에게 갑자기 양심을 하라고 하면 못하는 게 당연합니다. 그래서 조선시대의 문제점도 많지만, 양심교육을 중시했다는 그것만큼은 우리가 칭찬해도 된다고 생각합니다. 다만 양심교육에 그 시대의 이데올로기가 많이 묻어 있었다는 한계는 있지만 말입니다.

조선시대에는 어려서부터 『사자소학四字小學』이나 『명심보감明心寶鑑』 등의 교육을 통해 계속해서 역지사지易地思之에 대한

감각을 익히도록 했습니다. "내가 당하기 싫은 일을 남에게 가하지 말라!"(己所不欲 勿施於人) 이것이 인성교육의 핵심이었죠.

과거 우리 조상들의 유산 중에서 이런 좋은 부분은 잘 활용해야 하는데, 뭔가 불순물이 묻어 있다고 해서 모두 내다버린다면, 그것은 우리가 약 2~3천 년의 지혜를 완전히 날려 버리고 갑자기 처음 태어난 것처럼 사는 것과 같습니다. 그러면 앞길이 보일 리가 없지요. 물질문명의 발달로 이제는 우리가 인류의 축적된 경험을 자유자재로 끌어다 쓸 수 있게 되었는데, 그중에서도 우리가 가장 우선적으로 취해야 할 정보는 이것이라고 생각합니다.

유튜브(YouTube) | 민심은 천심

국민의 뜻을 저버린 대리인은 언제든 끌어내릴 수 있다

지금 청와대에서 대통령이 버티고 있고, 국민들이 비폭력 시위를 하고 있는데요, 이것도 어느 선을 넘어가면 폭력으로 변합니다. 그것은 누구도 막지 못해요. 어느 선을 넘으면 '양심'이 폭력을 허락할 때가 오기 때문입니다. 따라서 그 선을 지키지 못하면 큰일이 납니다.

양심에는 어떤 보이지 않는 선이 있습니다. 지금은 사람들이 폭력을 쓰는 것을 찜찜하다고 생각하고 있지요. 그렇다고 해서 영원히 찜찜해 할까요? 아니에요. 자명함으로 변할 때가 와요. 여러분도 다른 나라의 독재자가 국민들을 마구 착취하다가 발각되었는데, 버티다가 끌려가서 맞아 죽었다는 얘기를 들으면 후련하시죠? 개인적으로는 짠한 느낌도 있지만, 악행의 정도에 따라 "그럴 만한 짓을 했지." 하고 보기도 합니다. 일을 그런 상태까지 몰고 가면 안 돼요.

과거 우리나라의 정치인 중에는 정치를 잘못했는데 거리에 나왔다가 백성들에게 맞아 죽은 사람도 있습니다. 민심이 요동했기 때문에 벌어진 일입니다. 민심은 데이터에 입각해서 항상 살아 움직입니다. 그런데 그 민심이 지금은 '비폭력'을 자명하다고 보고 있는 겁니다. 하지만 사회적 합의가 이루어지면, 시민들이 청와대로 밀고 들어갈 수도 있습니다. 우리 인간은 역사적으로 늘 그렇게 살아왔습니다.

역사적으로 안 되는 일이 무엇이 있었습니까? 다 가능했지요. 그러니까 잘 판단해야 합니다. 지금은 비폭력이 최선이기 때문에 모두가 폭력을 경계하고 있지만, 폭력이 허용될 정도로 사람들의 마음이 한계에 몰리게 되면, "빨리 끌어내리고 끝내자." 하고 마음을 먹을 수도 있습니다. 아직은 그 정도는 아니라고, 우리의 양심이 붙잡고 있는 것이죠. 하지만 나중에는 잡지 않을 때가 오게 되고, 그것도 양심입니다.

동양의 유교에서 성군으로 꼽히는 탕왕, 무왕은 모두 기존 왕조를 무력으로 정복하고 왕이 되었음에도 불구하고 성인과 같은 존경을 받습니다. 왜냐하면, 그때에는 혁명이 민심에 부합하는 것이었기 때문입니다. 국민이 원할 때 움직인 사람은 성인 군주로 보는 것이지요. 반면 민심에 부합하지 않은 쿠데타는 유교에서 하극상으로서 아주 좋지 않은 것으로 여깁니다. 즉, 자기 하나 잘 살겠다고 민심을 핑계로 대면서, 기존의 왕을 물리치고 올라간 경우에는 역적으로 간주하여 무시하는 것입니다.

이와 관계된 이야기를 『맹자孟子』에서도 볼 수 있습니다. 제나라의 선왕이 맹자에게, 탕왕이 걸왕을 내쫓고 무왕이 주왕을 정벌했다는데, 신하가 왕을 죽이는 것이 가능하냐고 물었습니다. 신하가 왕을 죽였으니 역적인데, 유교에서는 그런 사람들을 성인처럼 취급하니 정말 이상하다는 의미로 물은 것입니다. 그러자 맹자가, "사랑(仁)을 해치고, 정의(義)를 해쳤으면 잔악한 도적, 즉 잔적殘賊밖에 안 된다. 도적을 죽였다는 말은 들어 봤어도 왕을 죽였다는 말은 못 들어 봤다." 하고 대답합니다.

이 말을 들은 왕은 기분이 어땠을까요? 겁을 먹었겠죠? 맹자는 선왕에게, "함부로 행동하면 당신도 백성의 손에 죽을 것입니다." 하고 경고한 것이니까요. 이게 유교의 정신입니다. 맹자의 이런 정신 때문에, 과거에 역대 정권들이 『맹자』는 백성들이 읽지 못하게 하려고 했습니다.

유튜브(YouTube) | 비폭력과 폭력 사이

동양 전통에서 민주주의란?

진짜 민주주의는 여러분이 마음에 드는 서비스를 받을 수 있을 때 민주주의인 것입니다. 동양 고대에서 추구한 민주주의라는 것은, 민民이 직접 정치를 해야 이루어지는 것이 아니라, 제대로 된 군君을 뽑아서 민이 제대로 된 서비스를 받을 때 이루어진다고 보았습니다.

이것은 주식회사에서 경영자와 주주의 관계로도 설명할 수 있습니다. 주식회사에서 주주들이 꼭 직접 경영을 해야 하는 건 아니죠? 주주들에게는 무엇이 중요하죠? 훌륭한 경영자를 선택해서 자리에 앉히고, 그 경영자가 주주들에게 이익을 제대로 내주는 한 지지해 주고, 뭔가 잘못된 짓을 했을 때에는 끌어내릴 수도 있어야 됩니다. 민주주의도 그런 것이지요. 주주가 제대로 서비스를 받아야 훌륭한 기업이듯이, 국민이 제대로 된 서비스를 받을 때 훌륭한 국가인 것이지, 주주가 꼭 직접 경영을 해야 훌륭한 기업인 것은 아닙니다.

그런데 우리가 '민주'라는 말을 생각하면, 자꾸 '국민에 의한…' 이런 개념이 떠오르는데, 그건 서양의 개념이에요. 동양에서는 아예 그런 것을 중요하게 여기지도 않았어요. 왜냐하면, 중요한 건 여러분이 서비스를 받고 있느냐 이기 때문입니다. 동양에서 가장 중요하게 여긴 것은 경영자가 여러분을 위해서 정치를 하고 있느냐, 즉 민이 대접을 받고 있느냐 입니다.

동양식 민주사회에서는, 민이 주인이 되어 경영하는지가 아니라, 민이 주인 대접을 받고 있는지를 봅니다. 민이 직접 경영을 하는 게 목표라면 처음부터 임금을 뽑을 필요도 없는 것이죠. "오늘 저녁 7시에 투표 있습니다." 하면 국민들이 뭘 할지 말지를 결정하면 되지요. 그런데 우리가 그런 문제들에 대해 가진 정보의 수준도 다양한데, 단순히 다수의 의견이 모였다고 해서 꼭 좋은 결론이 나오는 것이 아니니까 전문 경영인들, 즉 정치인을 대리인으로 뽑아 놓은 거예요.

따라서 지금 우리에게 가장 중요한 문제는, 민이 직접 경영을 하고 있느냐가 아니라, 지금 우리가 믿을 만한 사람을 뽑고 있느냐인 것이죠. 진짜 믿을 수 있는 경영자를 선택했는가? 서비스 업체를 잘 골랐는가? 그리고 그 서비스 업체로부터 우리가 제대로 된 서비스를 받고 있는가? 제대로 된 서비스를 받지 못했을 때 우리는 어떻게 클레임을 하고 있는가?

문제가 생겼다면 적절한 사후 조치를 취해서 우리가 다시 주인 대접을 받도록 만드는 게 가장 중요한 일 아닙니까? 서비스가 부실하다면 주인 대접을 제대로 못 받고 있는 것 아닌가요? 그런데 항의도 하지 못하고, 시정 조치도 받지 못하고 있다면 뭔가 심각한 문제가 있는 것이지요. 이런 게 잘 돌아가야 '민주사회'입니다.

'민주사회'에서 국민에게 주어진 책임은 제대로 된 리더를 뽑는 것, 그리고 그 리더로부터 최선의 서비스를 받아 내는 것입니다. 그리고 만약 정당한 서비스를 받지 못했다면 또 국민이 나서서 조치를 취해야 하는 겁니다. 이게 민주사회의 본질입니다. 그런데 만약 국민이 그런 조치를 취하기 어려운 조건이 만들어져 있다면, 그 사회에서는 아직 국민이 주인이라고 볼 수 없는 것이죠.

이것은 '고객이 왕'이라고 홍보하면서 계약서에 도장을 찍게 해 놓고는, 막상 계약을 하고 나니 갑자기 태도가 달라지는 업체의 상술과 다를 바 없지 않은가요? 한 번 계약을 하면 탈퇴나 계약 해지를 하기도 어렵고, 그래서 고객이 열심히 정보를 찾아다니고, 몇 번의 단계를 거쳐야 겨우 뭐 하나 해 주고, 고객이 욕을 하고 난리를 쳐야 뭐라도 얻어 낼 수 있는, 이게 무슨 민주사회입니까?

그러니 이제 민주사회의 본질을 호도하는 말은 듣지 마세요. 민주사회의 본질은 여러분이 서비스를 잘 받고 계신가에 있습니다. 애초에 약속된 서비스를 제대로 받고 있는가? 그리고 그 서비스가 약속대로 이행되지 않을 경우에 우리가 제대로 항의할 수 있는지, 시정 요구를 할 수 있는지, 이런 시스템이 모두 잘 돌아가는 사회가 민주사회입니다.

유튜브(YouTube) | 민주주의의 전제조건

진보와 보수,
오직 양심이 답이다

현재 우리나라 국민의 대다수가 이념에 매달려 있습니다. "나는 진보다." "나는 보수다." 하고 커밍아웃을 서로 해 가면서 시끄럽게 싸우고 있지요. 그런데 우주가 돌아갈 때에는 항상 +가 있으면 -가 있습니다. 치고 나가자는 진보가 +라면, 잘 지켜 내자는 보수는 -입니다. 이건 좋고 나쁨의 의미가 아닙니다.

진보, 즉 좌익은 원래 프랑스 정치에서 나온 말인데 급진파예요. 반면 우익은 온건파예요. 한 기업에도 늘 급진파와 온건파가 함께 존재하지, 급진파만 있다면 그 회사는 늘 새로운 것만 추구하다가 어디로 갈지 모릅니다. 반면 온건파만 있으면 변화를 두려워하기 때문에 외부의 변화에 부응해 살아남지 못하게 됩니다.

그런데 이 양 날개의 균형을 잡아주는 것은 무엇일까요? 균형을 잡아 주는 힘이 있어야만 한 나라든, 기업이든 온전하게 굴러가는데, 지금 우리나라는 보수와 진보, 둘로 분열되어 찢어져 있죠. 그런 나라는 망합니다. 분열은 망하게 되어 있어요. +와 -가 균형을 잡으니까 우주가 굴러가는 것인데, 그 균형이 깨진 채로 오래 지속되면 안 되는 것이지요.

어떤 이념이건 그것은 인간의 욕망의 투영입니다. 그 이념의 밑바탕에 인간의 욕망이 숨어 있는 것이지요. 그래서 이념이란 게 무섭습니다. "내 것만이 진실이다." "난 무조건 +다." "나는 밥을 먹어도 진보로 먹겠다." "나는 우익이다. 오른손만 쓰겠다." 심지어 이런 농담도 있지 않았습니까? 그렇게 해서 나라가 잘 굴러가겠습니까? 이건 망하기 직전인 나라의 모습이라고 할 수 있지요.

자, 이걸 누가 조정할까요? 어떤 욕망이건, 이념이건, 그것의 옳고 그름을 누가 따져 줄까요? 진보든 보수든, 어떤 때에는 선한 모습을 보이기도 하고 어떤 때에는 악한 모습을 보이기도 합니다. 그런데 국민도 진보가 잘한다고 응원할 때가 있고, 진보더러 못했다고 비난할 때가 있습니다. 또 보수적으로 똑같이 했는데 어떤 때에는 국민이 칭찬하고 어떤 때에는 못했다고 합니다.

이것은 진보나 보수라는 이념이 절대적이 아니라는 사실을 보여 주고 있는 겁니다. 보수나 진보의 더 상위 차원에 무언가가 있다는 말이지요. 그 위에 무엇이 있을까요? 무엇을 기준으로 우리는 진보가 잘했네, 못했네 하고 판단하고 있는 건가요? 국민은 이미 그 기준을 다 알고 있어요. "이번 경우는 보수가 잘못했지." 무엇을 기준으로 판단하는 건가요? 이건 이념으로 따진 게 아닌데요.

사실 이념은 선악을 제시하지는 못합니다. 선악을 제시해 줄 수 있는 것은 '양심'입니다. 인간이라면 누구에게나 양심이 있기 때문에, 진보든 보수든 널리 모두에게 이로운 양심적인 길을 갈 때에는 국민이 잘했다고 하고, 자기들만 살려고 할 때에는 악이라고 비난하는 겁니다.

"나는 진보를 지지하지만, 이번에 보수가 한 일은 잘한 것 같다." 내가 지지하지 않는 상대편 진영에서도, 뭔가 잘했다고 응원하고 싶은 마음을 일으키는 그런 일을 할 때가 있지요. 이때에 우리가 판단하는 기준은 이념도 아니고 욕망도 아니에요. 바로 '양심'이 여러분 안에 있기 때문에 이렇게 선악을 가를 수가 있습니다. 즉, 이념보다 양심이 더 위입니다.

따라서 여러분이 "나는 진보주의자다." "나는 보수주의자다" 하고 스스로를 단정해 버리면, 그 자체로 여러분은 이미 사회를 분열시키고 있는 게 됩니다. 정치, 경제, 안보 등 다양한 상황에 있어서 늘 진보를 택한다거나, 늘 보수적으로 해결하겠다는 발상 자체가 좀 이상하지 않습니까? 사안마다 우리가 취해야 할 입장이 그때그때 달라지는 것이 보다 합리적이지 않을까요?

사실 진보나 보수라는 개념 자체가 그렇습니다. 우리가 보수적이어야 할 때에는 보수적이어야 하고 그게 선善입니다. 또 어떤 때에는 반대로 진보적인 게 선입니다. 질러야 할 때에는 지르고, 멈추어야 할 때에는 멈추어야 선이거든요. 이것을 자유자재로 판단할 수 있는 양심이 누구에게나 갖추어져 있는 것입니다.

지금 우리는 주권을 국민이 갖고 있는 민주주의 사회에 살고 있는데, 국민이 늘 양심적으로 상황을 지켜보면서 양심의 편을 바로바로 택해 주지 않는다면 심각한 문제를 겪을 수밖에 없습니다. 주권을 가진 국민이 잘못된 버튼을 계속 눌러 버리면 나라가 엉망이 되는 것이죠.

민주주의 사회는 주식회사와 돌아가는 구조가 비슷합니다. 경영진은 주주가 결정하지만, 경영진이 알아서 경영을 하죠. 민주주의 사회에서 국민은 주주에 해당되고, 어떤 경영진에게 자기의 나라를 맡길지를 국민이 투표를 통해 결정하고 있습니다. 그런데 국민이 양심을 잃어버리고, 서로 진보다 보수다 해 가면서 싸우고만 있으면 이 나라는 어디로 갈까요? 지금 우리나라의 대다수 국민이 이념과 욕망에 넘어가서 "나는 진보다." "나는 보수다." 하고 '빠'가 되어 계시죠.

제가 제일 싫어하는 게 '빠' 문화입니다. 무언가의 빠가 되어 버리면 어떤 문제가 생길까요? "나는 무조건 +다." 하면, 진보의 악도 덮어 주고 싶은 마음이 생기고, 보수의 선은 왠지 비판하고 싶은 마음이 생기게 됩니다. 이건 비양심이죠. 빠가 되면 비양심적이 돼서 문제입니다. 그러니 여러분이 굳이 무언가의 빠가 되고 싶다면 '양심'의 빠가 되셔야 합니다.

양심의 빠가 아니라 이념의 빠가 되거나, 자기의 욕망을 채워 주는 단체의 빠가 되어 버리면, 결국 집단이기주의가 되어 방금 말한 2가지 문제가 생깁니다. 자기가 지지하는 집단 내부의 악은 덮어 주려 하고, 적의 선은 무시하려는 마음이 생기는 것이죠. 국민이 그런 식으로 움직이고 있다는 것은, 국민이 비양심을 선택하고 있다는 것과 같습니다. 양심은 우리의 모든 욕망과 이념을 합리적으로 조정해 줄 수 있는 마지막 희망인데, 양심이 흔들려 버리면 그 나라는 끝입니다.

동이족 전통 철학에서는, '군주'부터 양심을 되찾아서 사회 전체의 이익, 즉 국민의 이익을 위해 일해야 한다고 말합니다. 양심이 아니면 국민의 이익을 챙겨 주고 싶은 마음이 들지 않으니까요. 그런데 우리가 만약 양심이 없는 사람을 윗자리에 올려놓으면 어떻게 될까요? 국민이 특정 집단이나 인물의 빠가 돼서 그 사람을 위로 올리면 어떻게 될까요? 그 사람들은 자기 이익만 철저히 챙기다가 나오고, 나라는 늘 거덜이 나고 끝납니다.

이게 불을 보듯 훤한데 계속 이런 선택을 하시겠습니까? 지금 이런 정신 상태를 방치하실 겁니까? 지금 우리나라는 '빠문화'가 심각해져서 그게 모든 문제의 원인이 되고 있습니다. 전라도, 경상도가 찢어져 있고, 동서로, 남북으로, 노소로 싸우고 있는데, 계속 그런 시선으로 문제를 보면 해결이 날까요? 이미 본인부터 양심을 버렸는데요?

주권자부터 양심을 버리면 그 사회는 부패할 수밖에 없지 않겠습니까? 반대로 국민이 이런 이념에 흔들리지 않고, 진보·보수의 이원성을 넘어선 양심을 곧장 찾는다면, 그래서 사회가 양심대로만 흘러간다면, 우리 사회는 바로 정의 사회가 될 텐데요. 이런 간단한 공식을 놓쳐 버리고 온 국민들이 무분별하게 어느 한 쪽의 빠가 되어 굴러가면서 선악을 가르는 눈을 잃어버렸다면, 그게 제일 심각한 상태라는 겁니다.

그런 나라는 아직 망하지 않았더라도 이미 망하는 방향으로 버튼을 한참 누르고 있는 것과 같습니다. 제가 늘 '양심'과 '깨어있음'에 대해 말씀을 드리는 것은, 이런 진보·보수의 이원성을 넘어서는 양심을 알아야, 우리가 진보를 선으로 만들고 보수를 선으로 만들 수 있기 때문입니다.

'양심'은 간단합니다. 내가 당하기 싫은 일을 남에게 하지 않으면 됩니다. 그리고 내가 대접받고 싶은 대로 남에게도 해 주면 됩니다. 상대방의 입장에서 "내가 저 사람이라면 이런 것을 받고 싶겠다." 하는 그걸 먼저 해 주고, "내가 저 사람의 입장이라면 이런 건 진짜 싫을 것 같다." 하는 것은 하지 말자는 것이죠.

상대방이 좋아하는 것을 먼저 해 주는 것은 '사랑'이고, 싫어하는 일을 하지 않는 것은 '정의'입니다. 이런 사랑과 정의를 우리가 개인적 차원에서만이 아니라 밖으로도 실천하게 되면, 사회 전체에서 사랑과 정의가 구현되어, 우리가 말하는 '홍익인간'이 펼쳐지는 세상이 오겠지요.

우리 DNA에 아무리 홍익인간의 이념이 새겨져 있다고 해도, 우리가 후천적으로 잘못된 방식으로 살아가고, 그게 버릇이 되고 습이 된다면, 절대로 그런 이상 사회는 우리 앞에 펼쳐지지 않을 것입니다. 그러니 이제 우리부터라도 깨어나서, 아무리 어느 한 쪽의 빠가 되고 싶어도 한 번 더 "몰라!" 하고, 초연한 평정심을 유지함으로써 이해관계에 흔들리지 않는 자신의 양심을 다시 직시해야 할 것입니다.

매사를 그런 양심의 눈으로 보아서, "내가 당하기 싫은 것은 남에게 하지 말고, 내가 받고 싶은 것을 남에게 해 주자."라는 기준에 부합되는지를 늘 따져 보아야 합니다. 그래서 진보가 그런 양심에 부합되게 움직이면 진보의 손을 들어 주고, 보수가 부합되게 행동하면 보수의 손을 들어 주십시오.

오늘 보수의 손을 들어 줬는데 내일은 안 들어 주기가 좀 미안해서 내일도 손을 들어 준다면 결국 또 누군가의 빠밖에 안 됩니다. 내일 엉뚱하게 하면 엉뚱하게 한다고 항의를 해야죠. 국민이 늘 살아서 날을 세우고 있어야 민주사회가 제대로 돌아갑니다.

역사적으로 수많은 분들이 고생을 하신 덕분에 우리가 어렵게 주권을 얻었는데, 지금 국민이 어떻게 주권을 행사해야 할지를 모르고 쓰고, 방향을 잡지 못하고 있다면 이 나라는 산으로 갈 게 불 보듯 훤하지요. 또 이 문제 때문에 힘들다고 모두가 아우성인데, "괜찮아! 몰라!" 하고 혼자서 힐링한다고 앉아 있다고 해서 해결될 일도 아닙니다. 몸에 문제가 있어서 지금 아픈 것인데, 즉 몸에 통증을 유발하는 근원적인 구조가 전혀 바뀌지 않고 있는데, 개인만 계속 진통제를 맞아 가면서 투혼을 벌이는 게 무슨 의미가 있습니까?

　우리 사회 전체의 구조를 바꿀 힘이 여러분의 '양심'에서 나오기 때문에, 여러분이 깨어나셔야 합니다. 이것은 단지 진보·보수만의 문제가 아닙니다. 혹시라도 여러분의 마음이 어떤 '이원성'에 빠져서 아는 사람의 편을 들고 싶고, 양심에 어긋난 일을 하고 싶지는 않은지 매 순간 살펴야 합니다.

　그리고 그런 마음에서 순간순간 깨어나서 양심을 밀고 나가는 그 행위가 본인의 삶을 힐링할 뿐만 아니라, 나아가 우리 사회 전체를 바꿀 수 있습니다. 우리 사회를 힐링시킬 수 있는 힘이 자신의 '양심'에서부터 시작된다는 것을, 여러분이 직접 체험으로 확인하시기 바랍니다. 그런 국민이 전체의 과반수가 될 때, 이 사회가 안정권에 진입할 수 있을 것입니다.

양심적 진보,
양심적 보수

    정치의 본질은, 정치인들이 주장하듯이, "우리가 얼마나 고생했고, 진심이고 ···." 이게 아니에요. 정치인은 그들이 국민의 요구에 얼마나 잘 부흥해 왔는지에 대해서만 얘기하면 됩니다. 그리고 그 결과는 국민이 판단합니다. 자꾸 국민에게 "아니다! 저쪽 편의 주장은 모두 인기 영합일 뿐이다! 우리만 진짜다!" 이런 얘기를 할 필요가 없어요. 국민들이 바보입니까?

    정치인은 본래 국민의 양심에 호소하기만 하면 되는데, 지금 우리나라의 정치인들은 자꾸 국민을 가르치고, 근본적으로 뜯어고치려고 하고 있지요. 자기편의 주장을 이해하지 못하면 모두 미개하다고 생각하면서 말입니다. 이것 또한 우리가 버려야 할 구태정치의 한 축입니다.

지금 보수세력이 보여 주는, 독재자에게 세뇌되어 묻지도 따지지도 않고 누군가만 응원하는 마구잡이식의 빠문화도 구태이지만, 그에 반대되는 축으로서 지금 진보라는 세력이 보여 주는 패거리 문화도 아주 잘못되었다고 봅니다.

절에 가면 아예 노골적으로 돈이나 권위만 바라며 자신의 안위만 신경 쓰는 스님이 있죠? 이게 '보수'의 모습입니다. 또 이상한 수련법을 계속 강권하면서 자기만이 옳다는 독선에 빠져 있는 스님도 있습니다. 이것이 지금 '진보'의 모습입니다. 내가 옳으니 나만 따르라고 하고, 나를 따르지 않으면 너는 잘못된 거라고 합니다.

그 어느 쪽도 국민의 마음을 속 시원하게 풀어 주지 않지요. 그러니 둘 다 문제입니다. 올바른 길을 걷는 데에는 둘 다 도움이 되지 않는 것이지요. 그러니 이제 이런 모습만 버리면 됩니다. 진보, 보수의 개념 자체를 없애자는 것이 아니라, '양심적인 진보' '양심적 보수'만 되면 된다는 것입니다.

즉, 국민의 입장을 헤아리면서 진보하라는 것입니다. 국민의 양심을 대변하면서, 지킬 게 있으면 지키라는 것입니다. 이런 가치가 없이, 양심을 놓아 버린 진보, 보수는 아주 무서운 존재가 됩니다. 양심을 떼버린 진보나 보수는 무엇을 향한 진보이며, 보수인지를 알 수가 없어집니다. 그래서 그들의 머릿속에만 있는, 알 수 없는 길을 계속 가자며 국민들을 다그칩니다. 국민들은 원하지 않는데도 말입니다.

보수는 자기들이 나라를 지킨다며 애국하자고 주장하는데, 살펴보면 무기 팔아먹고 이상한 일은 거기서 다 해요. 나라를 위태로운 지경에 빠트리는 큰일은 거기서 저질러요. 그게 안 보인데요. 또 제가 "진보와 보수의 틀을 깨자!" 하고 주장하면, 진보를 왜 깨야 하냐고 항의합니다. 지금 우리의 수준이 딱 이정도입니다.

중요한 것은 진보냐 보수냐가 아니라, 양심적이냐 비양심적이냐입니다. 진보건 보수건 '비양심적 소인배'는 국민의 이익이 아닌 자신의 이익만을 추구할 것이며, '양심적 대인배'는 늘 국민의 이익을 최우선으로 추구할 것입니다.

"내가 당하기 싫은 일을 남에게 가하지 말자!"라는 양심을 목숨을 걸고 지키는 것이 '진정한 보수'요, 그 양심을 나날이 새롭게 실천하는 것이 '진정한 진보'입니다. 지키고자 하는 것이 양심이 아니고, 지향하는 것이 양심이 아니라면, 모두 꼼수에 불과합니다.

또한 '진보'나 '보수'라는 입장은 사안에 따라 얼마든지 달라질 수 있습니다. 그러나 어떤 경우도 '양심적'이어야 함은 불변입니다! 양심적으로 대아적 국익을 추구하는, '양심적 보수' '양심적 진보'가 넘쳐날 때 우리 사회는 건강해질 것입니다.

흔히 '자칭 보수'들이 비난을 받는 것은, 그들이 '국익'을 보전(保)하고 수호(守)하는 것이 아니라, 자신들의 '권력과 재산'만을 보수하려 했기 때문입니다. 그들은 본래적 의미의 '보수'가 아닙니다. 단순한 '소인배'일 뿐입니다.

사실 그들이 비판을 받는 이유는, 보수라서가 아니라 비양심적이기 때문인 것입니다. 진보가 비판을 받는 부분도 동일합니다. 그들이 국민을 외면하고 비양심적으로 나올 때, 국민들은 여지없이 등을 돌려 왔습니다.

"내가 당하기 싫은 일을 남에게 가하지 말자!"라는 '양심'대로 살아가다 보면, 어떤 때는 '보수'로, 어떤 때는 '진보'로, 어떤 때는 '회색분자'로 불릴 수도 있습니다. 그러나 그런 이름은 중요한 것이 아닙니다. 중요한 것은 '보편적 양심'에 충실했는가 뿐입니다.

유튜브(YouTube) | 양심적 진보, 양심적 보수

공정하게
더불어 잘 사는 세상을
만드는 것이 정치다

국가는 경제 성장에 집착할 필요가 없습니다. 국가가 개인 사업체도 아닌데, 왜 자꾸 경제에 대해 몇 % 성장을 하겠다느니 하고 장담을 하나요? 국가는 이것만 해 주면 됩니다. 공정한 심판! "탈세하면 처벌하겠다." "법을 어기면 끝까지 추적해서 바로잡겠다." "모두가 공정하게 경쟁할 수 있도록 우리가 룰을 짜고 감시할 테니 마음껏 경쟁해라." "노력하는 사람이 성공할 수 있도록 지원하겠다." "더 좋은 아이디어를 가진 사람에게 지원하겠다." 이 정도만 지켜 주면 되지 않나요?

왜 이런 일은 제대로 하지 않으면서, 정부가 나서서 자꾸 경제에 뭔가 직접 손을 대려고 하나요? 실제로는 정부가 지금까지 손을 댄 일마다 모두 망쳤어요. 어느 정부건 국가가 손을 대기 시작하면 잘 활동하던 업체들도 죽어 나갑니다.

국가는 온 국민이 태어나서 죽을 때까지, 양심적으로 살았을 때 손해를 보지 않게만 해 주면 됩니다. 저는 국가에게 그 이상은 바라지도 말라고 말씀드리고 싶어요. 국가가 우리 모두를 먹여 살려 주기를 바라고, 국가가 그런 뜻을 가지고 정책을 펴는 것은 당연히 옳지만, 실제로 그렇게 된다는 보장은 없기 때문입니다. 그것은 온 국민이 합심해서 만들어 가야 할 일이고, 국가에게 국민이 우선적으로 기대해야 할 일은 양심을 지키는 것입니다.

국가가 자신의 돈을 벌어 주기를 기대하니까 자꾸 엉뚱한 사람이 뽑히는 겁니다. 이건 국민이 욕심에 눈이 멀어있기 때문이에요. 국민이 내면에서 타오르는 양심은 잊어버리고, 민심이 욕심에 휘둘리니까 정치인들도 민심을 믿지 않는 것 아닙니까? 이제 국민도 정신을 차려야 합니다. 국민의 마음도 항상 양심이 51% 이상이 되게 해야 하고, 정치인들은 설사 국민이 정신을 못 차리더라도, 국민 안에 있는 양심을 읽어 내서 양심을 북돋

아 주어야 합니다.

유튜브(YouTube) | 국가는 공정한 심판만 하면 된다

선악에 따라 결과가 정확히 집행되는 사회

올바른 정치를 구현하려면 먼저 그 사회에서 '선악'이 투명하게 집행되어야 합니다. 선을 행한 사람은 상을 받고, 악을 행한 사람은 응당한 대가를 치르게 해서, 반드시 그 사람을 교화시켜 바로잡아 놓아야 해요. 이게 본래 우주의 인과법이 하는 일이에요. 즉, 정치가 '인과법칙'의 대행자 역할을 해야 하는 것이죠.

동양에서는 군주를 '천자天子'라고 했는데요, 하느님의 아들, 하느님의 분신이라는 뜻이죠. 그렇다면 천자는 하느님을 대리해서 지상에서 무엇을 해야 되나요? 하느님처럼 국민을 공평하게 사랑해 주고, 선악을 투명하게 집행해 주어야 합니다. 지도

자가 이런 책임을 방기해 버리면 우리 사회는 금방 엉망이 되고 맙니다. 지금 이 땅에서 벌어지고 있는 모든 문제들이 그런 결과죠.

정치에 있어서는 '사랑(仁)의 실천'보다 '정의(義)의 구현'이 우선입니다. 정치가 모든 국민을 다 사랑해 주지는 못하더라도, 정의는 100% 구현해야 합니다. 정의라는 것은 서로 피해를 주지 않는 사회, 억울한 사람이 없는 사회를 만들겠다는 선언이고, '최소한의 사랑'이기 때문입니다.

국가가 사랑을 극대화한다면, 만약 여러분에게 힘든 일이 생기면 바로 나라에서 누군가가 파견되어 힘드냐고 묻고 도와주고, 이런 정도는 돼야 하겠죠. 이런 사랑의 끝이라는 것은 헤아릴 수가 없습니다. 정치가 어느 선까지 사랑을 펼칠 수 있는지, 복지가 어디까지 이루어질 수 있을지는 누구도 알 수 없지요.

따라서 국가가 1차적으로, 의무적으로 져야 하는 책임은 '정의의 구현'이에요. 국민이 서로 피해를 주지 않고 서로가 서로의 것을 지키면서 남의 것을 함부로 넘보지 않는 사회를 국가가 만들어 줘야 하는 것이죠. 또한 이것이 '사랑'이 넘치는 사회로 가는 최고의 방책입니다.

양심경영 전문가가 정치하는 것이 양심정치다

일각에선 정치를 해보겠다는 저에게 "네가 뭘 한 것이 있다고?" 하는 반응을 보입니다. 변호사가 정치를 한다고 하면, 경제학 박사가 정치를 한다고 하면 그런 말씀을 하지 않으실 텐데, 양심경영 전문가, 철학 전문가가 정치를 한다고 하면 화를 내세요. '양심'이 어쩌다 이렇게 값없는 존재가 되었을까요?

여러분! 한번 돌아보십시오. 지금 이 나라 정계에 법률 전문가가 없습니까? 경제 전문가가 없습니까? 충분히 많아요. 그런데 그분들이 그동안 무엇을 하고 있었습니까? 최순실의 말을 받아 적고 시키는 대로 하고 있었습니다.

이 시대에 우리에게 정말로 필요한 사람은 어떤 사람입니까? 우리에게는 '세종'과 같은 리더가 필요해요. 그런데 세종이 법률 전문가였나요? 경제 전문가였나요? 아니에요. 그냥 양심경영 전문가였어요. 그래서 국민들을 사랑하고, 국민의 입장에서 이해득실을 판단했을 뿐입니다. 자신의 양심 때문에 잠자는 시간을 줄여 가며 백성들을 위해 한글을 만들고, 책을 쓰고, 17년간 여론조사를 했습니다. 모두 다 세계적인 사건들인데, 대부분 세종이 혼자 추진했어요.

이렇게 양심경영 전문가 하나 제 자리에 앉혀 놓으면 국민들이 편해집니다. 그 사람이 잠을 안 자고서라도 국민을 위해 연구할 테니까요. 그런 사람, 즉 국민을 진심으로 대표할 사람이 한 명 없어서 힘들면서, 막상 누가 정치를 하려고 하면 "너나 나나 똑같은 국민인데 너는 빠져!" "내가 승복할 만한 하버드 대학위라든가, 경제학 박사 학위, 사시 합격증을 가져와 봐! 그럼 내가 인정할게." 합니다. 즉, 내가 해내기 어려운, 머리 좋은 사람들이나 해내는 일을 하면, "그 사람은 뭐가 있나 보다." 하고 따라요.

그게 아니라는 것을, 더 이상은 그런 식으로 움직여선 안 된다는 것을 지금 온 국민이 뼈저리게 느끼고 계시죠. 그런 머리 좋은 분들이 최순실 앞에서 말 한마디라도 제대로 했습니까? 최순실한테 눈도 못 마주쳤어요. 뭔가 문제가 있지요? '양심'이 그렇게 중요합니다.

앞으로는 '인공지능'이 인간의 대부분의 노동을 대체할 것입니다. 심지어 인간이 합리적이고 이성적으로 처리하면 되는 일들은 모두 인공지능으로 대체될 것입니다. 법률·경제·언론과 같은 분야도 모두 대체되는 것이죠.

그렇게 되면 맨 마지막에는 무엇이 남을까요? '양심'만 남아요. 인공지능이 하지 못하고 인간만이 할 수 있는 일은 양심이죠. 인공지능은 공감을 하지 못하니까요. 인간의 처지는 인간만이 이해하고 공감할 수 있고, 인간만이 인간의 상황에 맞는 양심적인 대안을 내놓을 수 있습니다. 인간이 할 수 있는 그 일이 양심이에요.

미래에는 '양심경영 전문가'가 이 사회에서 가장 중요한 인재로 부각될 것입니다. 세계의 석학들도 모두 같은 예측을 하고 있습니다. 그런데 아직도 누가 정치를 하겠다고 하면, "사시

합격도 안 한 네가 지금 내 위에 서겠다고?"라는 반응이 나옵니다. 이 나라 사람들의 심보가 아직 이렇습니다.

누군가가 내 위에 서려면 내가 도달하기 힘든 것에 도달했다는 것을 증명해야 해요. 내가 차마 도전도 하지 못했던 것을 요구하지요. 그래서 "사시 합격증 가져와 봐!" "경제학 박사 졸업장 가져와 봐!" "하버드대 졸업장 가져와 봐!" "서울대면 인정, 연고대면 나도 할 수 있지 않았을까? 그러니 그것도 안 돼! 서울대만 인정." 이런 식으로 말입니다.

그런데 이 나라 국민 누구나 곧바로 승복하는 게 뭔지 아세요? '재벌 2세'입니다. 금수저는 내가 어떻게 해 볼 수가 없잖아요. 재벌 2세가 되려면 다시 태어나야 하니까요. 우리나라 드라마의 특징은 순수한 흙수저가 자신의 노력으로 성공하는 스토리는 거의 없다는 것입니다. 흙수저인 줄 알았는데 알고 보니 재벌 2세인 스토리는 많죠. 정말 흙수저인 누군가가 성공하는 스토리를 대하면, 마치 자기가 지적받는 것처럼 느끼게 되어서 시청자가 좋아하지 않기 때문입니다.

"너도 같은 흙수저인데 그동안 뭐 했어?" 하는 생각에 기분이 나빠지는 것이죠. 그렇기 때문에 나와 동급이라고 생각되는 누군가가 성공하는 것을 참지 못합니다. "그 사람 다시 조사해 보시기 바랍니다." 하고 투서라도 써야 마음이 편해집니다. 내가 못하는 것을 다른 누군가가 한다는 사실을 받아들이지 못하는, 그런 잘못된 평등주의가 우리 내면에 자리 잡고 있어요.

그런 심리가 강한 나라일수록 사람들이 무엇에 약할까요? 타고 나는 것에 약해요. 타고 난 것은 어떻게 경쟁해 볼 수가 없으니까요. 그래서 부잣집 아들한테 약해요. 해 볼 수가 없으니까, 대학 동기들도 졸업하고 나면 모두 부잣집 아들 옆에 줄을 서 있습니다. 어차피 노력해서 성공하는 것을 인정해 주지 않는 사회이니까요. 과거에 상고 출신의 대통령이 나왔다고 사람들이 얼마나 무시했습니까? 이게 정말 못된 심리예요.

단순히 '집단지성'이라고 해서 다 믿을 수 없다는 게, 이처럼 왜곡된 집단지성이 형성될 수도 있기 때문입니다. 그러니까 '양심'을 각성시켜 가면서 국민의 소리, 민심의 소리를 들어야 합니다. 그런데 이 작업을 지금 누가 할 수 있을까요? 양심이 뭔지 전혀 모르고, 오히려 양심을 무시하며 살아온 사람들이 모여서 양심적인 국가를 만들겠다고요? 민주국가를 만들겠다고요?

모두 말이 되지 않는 발상들이죠.

그러면서 또 선진국을 보면 부러울 것입니다. "왜 선진국은 그렇게 잘하는데 우리는 안 돼?" 하고 말입니다. 그리고 선진국에서 뭔가를 수입해 오면 우리나라에서도 금방 똑같이 될 것처럼 생각합니다. 하지만 '보편적 양심'이 빠져 있다면 절대 그렇게 되지 않습니다. 선진국의 좋은 제도를 우리나라에 수입해 오면 다들 빨대 큰 것 들고 달려올 겁니다. 빨대를 꽂아서 단물 빨아먹으려고요. 이제 이런 모습, 우리가 바꿔야 하지 않겠습니까?

유튜브(YouTube) | 양심 전문가가 정치 좀 하겠습니다!

동양 리더십의 핵심은 양심리더십*

동양의 리더십은 한마디로 '양심리더십'이라고 표현할 수 있습니다. "내가 당하기 싫은 것은 남에게 가하지 마라!"라는 양심으로 자신의 욕심을 경영하는 것, 이것이 양심리더십의 본질입니다. 자신의 내면을 경영하지 못하는 자는 결코 남을 이끌 수 없다는 것입니다.

그래서 동양에서는 '리더'를 의미하는 '군자君子'를 '양심의 달인'으로 보는 전통을 가지고 있습니다. 그래서 팔로워의 마음

* 『이끄는 자의 통찰 - The Leader』(이윤석 저, 2015)에 쓴 저자의 추천사 중에서

을 헤아리고 배려할 줄 모르는 비양심적인 리더는 이미 리더가 아니라고 보았습니다. 반대로, 팔로워의 욕심뿐만 아니라 양심까지 배려해 주는 리더야말로 천하를 경영할 수도 있는 리더라고 여겼습니다.

동양 리더십의 바이블이라 할 수 있는 『대학大學』에서는, "대학의 이념은 먼저 자신의 양심을 온전히 밝혀내고, 이를 바탕으로 백성들의 양심을 각성시켜서, 모두가 최선의 경지로 나아가게 하는 것이다."라고 말하고 있습니다. 『대학』은 고대에 국가경영의 리더인 군자를 양성하던 교육기관입니다. 그런 대학의 이념이, 다름이 아닌 자신과 백성을 양심적으로 경영할 수 있는 '양심적 리더의 육성'이었던 것입니다.

군자가 정치를 해야 하는 이유

이해타산만 따지는 사람들은 '효율성'을 중시하는 것처럼 보이기도 합니다. 그런데 그 사람들은 '소아적인 효율성'을 추구하는 것입니다. 즉, 자기에게 효율적인 것을 찾는 것이지, 사회 전체에 효율적인 것을 찾는 게 아니에요.

정말로 공익에 도움이 되는 효율성은 '대아적인 효율성'입니다. 양심적인 사람이라야 이러한 대아적 효율성을 추구합니다. 소아적인 효율성을 추구하면 그 사람만 재미를 봅니다. 만약 이런 사람을 대통령과 같은 자리에 앉히면 어떻게 될까요? 최대한 자기에게 이로운 일만 하고, 손해가 되는 일은 피할 테니 본인만 재미를 보고 끝날 겁니다.

양심적인 사람을 리더로 올려야만 양심정치가 구현되는 이유는, 양심적인 사람만이 진심으로 국민을 걱정하기 때문입니다. 양심적이지 않은 사람은 거짓으로 걱정하는 척할 뿐이지, 그 사람의 근본적인 관심사는 자기에게 이로운가, 해로운가 뿐입니다.

소아적 효율성을 추구하는 사람을 『논어論語』에서는 '소인배'라고 칭합니다. 반대로 대아적 효율성을 추구하는 사람은 '군자'라고 합니다. 그리고 "군자는 '정의'에 밝고 소인은 '이익'에 밝다!"(君子喩於義 小人喩於利, 『논어』 「이인里仁」)라고 말합니다. 그래서 언제 어디서나 대아적 효율성만을 추구하는 군자가 정치를 해야 한다는 것이 『논어』의 기본 철학입니다.

유튜브(YouTube) | 군자가 정치해야 하는 이유

철학적 민주주의의 구현

온 국민의 마음 안에는, 국민 모두를 위하는 마음인 '양심'이 살아 있습니다. 그 양심의 소리를 듣지 않고, 그 양심의 도움을 받지 않고서 도대체 무슨 일을 한다는 것인가요? '민심'이라는 것은 곧 '양심'이고, 신성한 마음이고, 우리가 따라야 할 마음입니다.

그런데 지금 정치인들에게는 민심이, 자기들이 선도해야 할 대상이고 조작의 대상일 뿐이지요. 그래서 국민을 유혹하고 꾀어서 정권을 창출했을 때에만 의미가 있다고 여기고, 요컨대 민심을 들러리로 보고 있습니다.

제가 주장하는 민주주의는 '철학적 민주주의'입니다. 국민의 '욕심'은 물론, '양심'까지 심오하게 만족시키는 철학적 민주주의가 아니고는, 절대로 온 국민을 만족시킬 수 없습니다. 그러한 민주주의가 아니라면 성공하지 못합니다. 국민의 욕심만 채워 준다고 해서 문제가 해결되는 게 아니에요.

이것을 기업으로 놓고 봅시다. 성과급만 제때 올려 주면 직원들이 목숨 바쳐 일할 것 같죠? 실적이 계속 오를 것 같죠? 실제로는 그렇지 않습니다. 그리고 돈에 휘둘려 가며 사는 그 직원들의 삶이 과연 인간다운 삶인가요? 양심을 만족시켜 주지 않으면, 그 사람은 주인공이 될 수 없고, 자기 인생에 대한 주인의식을 가질 수 없어요. 회사 일에 대해서도 "내가 주인공이다!" 하고 적극적으로 참여할 수 없습니다.

이것은 말로는 늘 주인의식을 가지라고 하면서, 사람을 가지고 노예 부리듯이 하대하는 것밖에 안 됩니다. "돈을 주면 네가 움직이지 별 수 있어?" 여러분은 이런 식의 대접을 받으면서 일하고 싶으신가요? 아니면, 여러분의 '양심'까지 뿌듯하게 만족시켜 주는 사람 밑에서 일하고 싶으신가요?

아주 간단하고 당연한 이야기이고 초등학생들도 다 알 만한 쉬운 내용인데, 왜 이렇게 진지하게 이야기해야 하는지, 이 현실이 답답합니다. 이제는 '양심'이 상식이 되어야 합니다. 그리고 남의 삶에 큰 영향을 주는 리더는 반드시 '양심적 리더'여야 합니다.

유튜브(YouTube) │ 철학적 민주주의

모두가 승복할 수 있는 양심경영 전문가가 필요하다

우리가 드라마를 보면, 능력이 뛰어난 사람이 주인공인 경우는 드물고, 보통은 출신 성분이 뛰어나야 주인공이 됩니다. 회장님의 아들이라는 출신은 우리가 어떻게 할 수가 없고 따라갈 수 없으니까요. 반대로 일본의 드라마를 보면, 노력을 통해 뭔가를 해 내는 것을 훨씬 더 중시합니다.

이것은 우리가 노력해서 얻을 수 있는 것은 모두 우습게 여기고 있다는 사실을 반증하는 것입니다. "내가 안 해서 그렇지, 나도 하면 된다." 하는 심리가 작용하고 있는 것이죠. 그래서 웬만한 대학도 다 무시하고, 하버드대학 정도는 가야 "아, 저건 좀 힘들겠는데….." 하며 인정해 줍니다. 자기가 노력해서 도달할 수 있는 정도의 선에 있다고 생각되는 것은 모두 무시해요. "내가 안 나가서 그렇지, 나갔으면 대통령도 될 수 있었어." 이런 마인드가 있는지 대통령도 무시하지요.

이런 국민들을 어떻게 통합시킬 수 있을까요? '능력'으로만이 아니라 '양심'으로도 압도해서, 모두가 승복할 수밖에 없는 리더가 나오지 않으면, 이 나라는 늘 시끄러울 수밖에 없습니다. 이런 우리나라 국민을 두고 종종 드는 비유가 있죠. "한국인은 모래알 같은데 시멘트 같은 리더가 나오면 뭉쳐서 쓸 수 있다." 여기에서 말하는 리더는 단순히 힘이 센 리더가 아니라, 뿔뿔이 흩어지려 하는 모래알을 뭉칠 수 있는 힘을 가진 리더이고, 결국 양심적으로 탁월한 리더를 말합니다.

그래서 동양의 동이족에게서는 일찍이 양심적인 리더가 아니면 통치를 할 수 없다는 사상이 나온 거예요. 동이족들은 머리가 좋으니까요. 지금 우리가 알고 있는 '오행'이니, '음양'이니 하는 철학·과학적 성과물, 모두 동이족이 만들어 낸 것 아닙니까? 이 정도의 머리가 수천 년 전부터 있었단 말이죠. 그래서 우리 조상에게서 '홍익인간'의 리더십이 나온 거예요. 사실 머리가 좋은 데다가 성격도 강하니까 나온 것이죠.

우리가 '리더십'에 대한 고민을 왜 하겠습니까? 통치가 잘 안 될 때 하겠지요? 통치가 안 되니까 연구하다가 일찍이 그런 이론이 나온 거예요. 그래서 리더가 되려면 무조건 '양심의 달인'이 되어야 한다는 결론을 내린 겁니다.

요즘 우리가 고민하는 문제에 대한 답이 이미 고대로부터 나왔던 것이죠. 널리 인간을 이롭게 하는 '홍익인간'이 아니고서는 절대로 인간을 잘 경영할 수 없다! 그리고 '화백和白회의'와 같이, 회의를 통해 구성원들을 설득시키고 만족시키지 않는 한 절대 말을 듣지 않는다!

그런데 지금 우리는 그런 전통을 모두 잊은 채로, 마치 처음 사는 것처럼 새롭게 살고 있어요. 그러다가 위기가 오니까 갑자기 '서양의 리더십'을 공부하고 있는데, 그것으로는 해결이 되지 않지요. 지금 우리가 처한 여러 문제는 보편적이면서도 다릅니다.

특히 우리 민족은 양심적인 것에 집착합니다. 청문회를 한번 보세요. 증인 신문하면서 도덕성을 따질 때 보면 마치 도덕군자들이 총출동해 있는 것 같습니다. 남의 것을 비판할 때 보면 정말 잘하죠? 그런데 그런 엄격한 도덕성의 잣대를 갖고 있으면서 자기는 절대로 그렇게 안 합니다. 우리나라는 이런 문제가 심각한 나라입니다.

그런데 이 문제를 극복하겠다고 아예 '도덕성'을 버리자고 하는 것도 말이 안 되고, 결국 더 도덕적이면서 능력이 있는 사람이 올라가야지 끝납니다. 제가 우리 민족의 역사와 문화를 보면서, "이건 피할 수 없는 숙명이다." 하고 느낀 게 바로 이 부분입니다. 우리 민족의 리더는 도덕적이어야 되고 동시에 유능해야 됩니다. 뭐 하나라도 하자를 잡히면 사람들이 따르지 않습니다.

그런데 리더인 본인 혼자만의 능력이 그렇게 출중할 수 있을까요? 그건 불가능하죠. 따라서 도덕적인 리더이면서 동시에 양심을 제대로 알아서, 능력이 있는 많은 인재들을 부릴 수 있는 정도의, 황극皇極이 될 수 있는 정도의 리더가 나와야 합니다. 결국 양심을 제대로 닦은 사람이 리더가 되어야 하는 것이죠.

양심을 제대로 닦으면 인재들을 부릴 수 있는 힘이 나옵니다. 본인의 능력은 좀 부족하더라도, 필요한 능력을 가진 여러 사람들을 엮어서 쏠 수 있는 지혜가 '양심'에서 나오는 것입니다. 그 정도까지 양심을 연구한 사람이 아니면, 어설픈 양심은 먹히지 않습니다. 또 단순히 능력만 좋은 사람은 국민들을 엄한 데로 이끌고, 결국 국민들이 잠시 따르다가 욕하고 끝날 것입니다.

우리가 과거에 찬란했던 문명을 아무리 얘기하면 뭐 합니까? '신시神市'(하느님의 나라)가 있었다? '단군檀君'(양심이 밝은 리더)이 있었다? 지금 복원 못 해요. 이 수준의 영성지능을 가지고서는 절대 복원되지 않습니다. 우리 민족의 기질도 알아야 하고, 동시에 영성을 계발하는 방법도 알아야 합니다.

그래서 저는 계속 같은 주장만 해 왔습니다. 무조건 '양심'부터 계발해서 우리 민족을 살리는 문화를 재건하지 않으면, 우리 민족도 죽고 인류도 답이 없을 것이라는 겁니다. 이게 '홍익인간'을 국시로 표방해 왔던 우리 민족의 사명입니다. 그리고 이것이 우리 민족이 진정으로 '광복光復'(빛을 회복함) 하는 길입니다.

유튜브(YouTube) | 양심적 리더가 답이다!

조선 문명의 기초, 양심정치론*

백성이 가장 귀하다

조선 문명의 설계자였던 정도전鄭道傳은 젊어서 백성을 이롭게 하는 정치를 하리라는 큰 꿈을 안고 정치에 입문했으나, 권문세가인 이인임의 친원정책에 항거하다가, 현재의 전남 나주에 속하는 회진현으로 유배를 당합니다.

정도전은 유배지에서 백성들의 삶을 직접 목격하면서 "백성이 이 땅의 진정한 주인이다!"라는 민본民本의식을 키워 가게 됩니다. 백성들의 삶을 개선하지 못하고, 백성의 삶과 괴리된

* 이 글은 문화재청의 '문화재사랑'에 기고한 글입니다.

기득권의 이기적 행태에 신물이 난 그는, 진정으로 백성을 위한 새로운 세계를 직접 만들어 보리라는 큰 뜻을 품게 됩니다.

정도전은 유배지에서 『맹자』를 탐독했던 것으로 전해집니다. 『맹자』는 동양의 정치 이론이 집대성된 책으로, 서양의 '사회계약론' 등에서 선보인 민권사상보다 훨씬 앞서서, 백성이 모든 정치의 주체임을 분명히 밝히고 있습니다.

"백성이 가장 귀하고, 사직(社稷, 영토와 곡식)이 다음이며, 임금이 가장 가볍다. 이 때문에 백성에게 임명된 사람은 천자가 되고, 천자에게 임명된 사람은 제후가 되고, 제후에게 임명된 사람은 대부가 되는 것이다. 제후가 사직을 위태롭게 하면 바꾸어 임명한다."

이런 사상은 "백성의 마음(民心)이 하늘의 마음(天心)이다!"라는 동양의 오랜 가르침에 잘 담겨 있습니다. 천자天子는 말 그대로 하늘의 대리인이며, 천자의 자리에 오르는 것은 천명天命, 즉 하늘의 명령입니다. 그리고 하늘의 명령은 그대로 백성의 명령이니, 백성이 지지하는 이가 천자가 되는 것입니다. 그러니 동양의 정치 이론에서는 궁극적으로 백성이 천자를 뽑고 바꾸는 주체인 것입니다.

참된 리더의 길

그래서 맹자는, 가장 존귀한 백성을 해치는 자는 천자로 여기지 않고 '천하의 외톨이'라고 보았습니다. 백성을 사랑하지 못하고 배려하지 못하는 리더는 이미 리더가 아니라는 것입니다.

"제나라 선왕이 질문하길 '탕湯왕이 걸桀을 내쫓고, 무武왕이 주紂를 쳤다고 하는데, 그런 일이 있습니까?'라고 하였다. 그러자 맹자께서 대답하시길 '경전에 있습니다.'라고 하였다. 왕이 다시 '신하가 그 임금을 시해하는 것이 옳습니까?'라고 묻자, 맹자께서 답하시길 '사랑을 해치는 자를 해치는 자(賊)라고 하고, 정의를 해치는 자를 상하게 하는 자(殘)라고 합니다. 해치고 상하게 하는 사람을 일러 '홀로된 사내'라고 합니다. 홀로된 사내인 주紂를 주살하였다는 것은 들어 봤어도, 임금을 시해했다는 것을 들은 적은 없습니다.'라고 하였다."

(『맹자』)

천자의 최고의 임무는 자신을 뽑아 준 백성을 하늘로 여기며, 백성이 원하는 것을 해 주고 백성이 원하지 않는 것을 하지 않는 것입니다. 그래서 '수신·제가·치국·평천하'의 비결이 담긴 『대학』에서 이르길, '백성들이 좋아하는 바를 좋아하며, 백성들이 싫어하는 바를 싫어하는 것'이야말로 참으로 '백성의 부모'가 되는 방법이라고 한 것입니다.

이것이야말로 '참된 리더의 길'이니 정의로운 경영의 기본입니다. '정의'는 '사랑'에 기반을 둡니다. 동양 고전에서 '사랑'이란 '남을 나와 동등하게 배려하는 것'입니다. 그리고 '정의'는 '내가 당하기 싫은 것을 남에게 가하지 않는 것'입니다.

이를 어기는 것이야말로 최고의 불의不義입니다. 정의는 사랑에 기반을 둘 때에만 진정으로 성립될 수 있습니다. 사랑이 빠진 정의는 정의가 아니지요. 그래서 『논어』에서는 사랑을 구현하는 실천방법으로 '서恕', 즉 '정의의 실천'을 제시합니다.

"자공이 '한 마디 말로써 종신토록 행해야 할 것은 무엇입니까?'라고 묻자, 공자께서 말씀하시길 '그것은 서恕이니 내가 당하기 싫은 일을 남에게 가하지 않는 것이다.'라고 하셨다."

(『논어』)

정도전이 유배지에서 깨달은 바는, 이처럼 백성이 진정으로 원하는 것을 베풀어 줄 '정의로운 정부'가 필요하다는 사실이었을 것입니다. '정의로운 정부'야말로 '사랑의 정부'가 될 수 있습니다. 말뿐인 사랑이 아니라, 진정으로 남을 배려하고 이롭게 해 주는 사랑 말입니다. 그러한 정부를 자신의 손으로 직접 이루리라 다짐한 정도전은, 위화도회군 이후 정계의 실세로 부상한 이성계와 손을 잡고 그러한 세상을 이루기 위해 남은 생을 바치게 됩니다.

백성을 사랑하는 정치

정도전은 조선왕조를 실질적으로 운영하는 얼개를 담은 『조선경국전朝鮮經國典』에서, '보위寶位'(임금의 자리)를 잘 지키기 위해서는 무엇보다 백성의 마음을 얻어야 함을 설파합니다. 그리고 백성의 마음을 얻기 위한 구체적 방법도 함께 제시하였습니다.

"임금의 자리는 높고 귀하다. 그러나 천하는 지극히 넓고, 만 백성은 지극히 많다. 한 번 그 마음을 얻지 못하면, 크게 염려할 만한 것이 있게 된다. 아래 백성은 지극히 약하나 힘으로 위협할 수 없으며, 지극히 어리석으나 잔꾀로 속일 수 없다. 그 마음을 얻으면 복종하고, 그 마음을 얻지 못하면 떠나 버린다. 떠나고 따르는 사이는 털끝도 용납하지 않을 만큼 미세하다. 그러나 이른바 그 마음을 얻는다는 것은 사심으로 구차하게 얻을 수 있는 것이 아니며, 도를 어기고 명예를 해치면서 이룰 수 있는 것이 아니다. 또한 '사랑'(仁)이라고 말할 따름이다."

(『조선경국전』)

백성은 지극히 약해 보여도 힘으로 위협할 수 없습니다. 백성 개개인이 약해 보인다고 하더라도 권력이 그들로부터 나온다는 사실을 잊어서는 안 됩니다. 또한 백성이 아무리 어리석어 보여도 잔꾀나 꼼수로 속일 수 없습니다. 진실이 아닌 것은 끝내 들통이 나게 되어 있습니다. 애초에 무시하지도 속이려 하지도 말아야 하는 것입니다. 그래야 백성이 진심으로 지지하게 될 것입니다.

그러니 백성의 영원한 지지를 얻고 싶다면 먼저 그들에게 사랑을 베풀어야 합니다. 그리고 사랑하는 대상에게 피해를 주지 않아야 합니다. 그래서 늘 자신이 상대방이라면 원했을 것을 베풀며, 자신이 상대방이라면 원하지 않았을 것을 가하지 말아야 합니다. 이것이 정의이고, 이것이 사랑입니다.

"임금이 천지가 만물을 낳는 마음을 '마음'으로 삼고, '남에게 참을 수 없는 정책'(不忍人之政, 양심적인 정책)을 시행하여, 천하의 사방 사람들로 하여금 모두 기뻐하여 부모처럼 우러러 보게 할 수 있다면, 장구하게 안락하고 부유하며 존귀하고 영화로운 즐거움을 누리게 될 것이며, 위태롭고 망하고 뒤집히고 추락하는 근심은 없을 것이다. '사랑'(仁)으로 자리를 지키는 것이 또한 마땅하지 않는가?"

(『조선경국전』)

군주는 백성에게 '남에게 참을 수 없는 마음'(양심)을 바탕에 둔 정책을 시행하여, 자신이 백성이라면 원했을 것을 베풀고, 원하지 않았을 것을 가하지 않기만 하면 됩니다. 이것이 최고의 정치입니다. 그러면 백성이 모두 군주를 참된 부모로 우러러 볼 것입니다. 이것이야말로 군주의 자리를 보존하는 최고의 방법이 아니겠습니까?

그래서 정도전은 이성계에게, 고려의 잘못을 반복하지 말고 오직 '사랑'(仁)으로 군주의 자리를 잘 지켜가라고 경고하였던 것입니다. 이것이 그가 꿈꿨던 '정의로운 정부'이자 '사랑의 정부'의 구체적인 모습이었습니다.

3
양심정치에는 어떤 비전과 목표가 필요한가?

양심정부의
서비스 원칙

1 정부는 주권자인 국민에게
 공적서비스를 제공하는 조직이며,
 서비스의 목적은 오로지
 나라의 주인인 주권자의 만족이다.

2 따라서 사소한 정보라도
 주권자의 이익에 관련된 것이라면,
 반드시 주권자인 국민에게 제공함으로써
 주권자의 올바른 판단을 도와야 한다.

3 새로운 서비스 제공을 결정할 때에는,
먼저 주권자의 요구를 정확히 듣고
주권자에게 정확한 정보를 전달하여
개선 방향을 납득시키며,
주권자가 신뢰할 수 있는 전문가와
상의하여 추진해야 한다.

4 새로운 서비스 정책은
오로지 주권자인 국민에게
더 많은 이로움을 주겠다는 목적을
만족시켜야 한다.

5 이렇게 수립된 정책은
어린아이도 이해할 수 있는
쉬운 언어로 설명하여,
주권자들이 잘 숙지하도록 도와야 한다.

6 주권자들이 정당한 이의를 제기한다면,
반드시 서비스 정책에 반영하여
억울하고 답답한 일이 없게 해야 한다.

그것이 정부가 존재하는 이유이기 때문이다.

7 서비스 담당자인 공직자를 뽑을 때에는
  인성평가를 중시하여,
  아무리 역량이 뛰어나더라도
  주권자를 진심으로 위하지 않는 직원은
  채용하지 않는다.

2017. 4. 16. 윤홍식

양심 시스템의
장착

　최순실의 딸이 특혜로 대학에 입학을 한 사실이 밝혀지면서 수많은 어린 친구들이 좌절감을 겪었습니다. 이런 문제가 제대로 심판을 받지 않으면 또 어떻게 되겠습니까? 이것이 우리 국민들이 당장 해결해야 할 과제입니다. 이런 문제부터 하나하나 해결해 가면서 '양심건국'을 해야죠.

　작은 문제부터 큰 문제까지 우리가 양심으로 해결하다 보면, 진정한 건국인 '양심건국'이 결국에는 이루어질 것입니다. 일단 우리 사회에 '양심 시스템'이 장착되면, 다시 비양심 사회로 돌아가기가 어려워집니다. 여러분, 예전에는 여기저기에서 담배

연기를 맡는 게 자연스러운 일 아니었나요?

제가 대학생 때만 해도 차 안에서 담배를 피웠는데, 이제는 그런 일이 상상도 안 되죠? 지금은 길에서 담배를 피우면 사람들이 "저 사람 뭐야?" 하고 쳐다보기 때문에 눈치를 봐야 하는 시대입니다. 예전에는 안 그랬어요. 나는 담배를 피우지 않더라도 외출했다 돌아오면 늘 옷에 담배연기가 배어 있었어요. 그런 모습이 순식간에 바뀌었고, 한 번 바뀌니까 완전히 바뀌어 버렸죠.

이와 마찬가지입니다. '양심문화'가 우리 사회에 자리를 잡게 되면, 누구 하나가 욕심을 부려도 마치 갑자기 담배 연기를 맡은 것처럼 불쾌하게 느껴지실 거예요. 양심문화가 이렇게 정착되면, 가정이나 국가에서 감히 아무도 소시오패스 짓을 하지 못하게 될 겁니다. 그리고 누가 그런 짓을 하면, "저 사람 좀 이상하다." "우리 회사에 이상한 사람이 들어왔다." 하는 식으로 바로 적발이 될 것입니다.

이 정도 수준의 사회를 만들지 못하면 안 됩니다. 그런 비양심적인 사람을 왕따로 만들지 못하는 사회는 문제가 있어요. 약

자를 왕따시키는 일은 비양심이지만, 비양심적인 사람을 왕따
시키는 것은 양심입니다.

부처님께서도 비양심적 제자들은 왕따를 명하셨죠. 그것이
그들로 하여금 죄를 짓지 못하게 하고, 선량한 피해자가 나오지
않게 하는 최선이었으니까요. 소시오패스들은 누울 자리를 보
면 다리를 뻗습니다. 그러니 처음부터 누울 자리를 주지 않아야
합니다. 따라서 이제는 그런 건강한 사회, 건강한 문화의 모델
이 제시되어야 합니다.

우리는 '세종' 때보다 더 잘해야 합니다. 세종 다음에 수양대
군이 아니라, 세종 다음에 또 다른 세종이 나오게 만들어야 한
다는 의미입니다. 그러려면 인재가 정말 많이 필요합니다. 일단
양심을 교육할 수 있는 기관이 없으면 '양심적인 리더'가 배양
될 수 없을 것입니다. 교육이 없이는 아무 일도 되지 않는 것이
지요. 이것이 제가 '홍익학당'이라는 교육기관을 만들어 12년
간 운영해 온 이유입니다. 그리고 이제 '홍익당' 창당을 선언한
것입니다.

홍익학당에서 배양된 인재들이 양심 공부를 제대로 해서 정

치 일선에 나아가 정치 활동을 하면 어떻게 될까요? 홍익학당에서 '양심적인 리더'가 키워지고, 홍익당에서 양심적인 리더가 활동을 하게 되는, 이런 유기적인 구조가 만들어지면 어떨까요? 양심적인 리더가 자리를 떠나도 또 다른 양심적 리더가 그 자리를 차지하게 되어, 우리 사회에 양심 시스템이 정착되는 데에 일조할 것입니다.

지금 우리 사회에는 '양심적인 리더'를 키워 낼 곳도 없고, 사람들이 양심적인 리더라는 개념 자체도 잘 모릅니다. 사회 지도층에 속한다는 분들과 얘기해 보면 그분들은 더 모릅니다. 살만하니까 고민이 별로 없거든요. '양심'은 그분들의 관심사가 아닙니다. 그러니 그런 분들에게는 기대도 하지 마세요.

지금은 중산층이 움직여야 하는데, 중산층도 붕괴되고 있으니 소시민이 움직여야 합니다. 소시민이 건강해져야 합니다. 아무도 믿지 마세요. 양심을 간절히 바라지만 생계가 너무 힘든 분들은 양심까지 챙길 여유가 없고, 사는 데에 걱정 없이 편한 분들은 양심에 관심이 없습니다. 양심을 지키면 오히려 자기의 격이 떨어진다고 생각하지요.

그래서 "여기 주차 좀 제대로 하셔야죠!" 하면 "내가 누군지 알고 이러는 거야?" 하고 나옵니다. 즉, 나는 양심을 어겨도 될 만큼 성공한 사람이라고 생각하는 것이죠. 이게 지금 우리나라 상류층 사람들의 마인드예요. 그러니 다른 사람들, 위건 아래건 기대하지 말고 조금이라도 여유가 있는 소시민들이 먼저 움직여야 하는 것입니다.

우리 사회의 문제가 무엇인지, 무엇이 부당한지를 온몸으로 느끼고 있고, 그것을 양심으로 고쳐보겠다는 마음의 여유가 있는 분들이 뭉쳐서 이 사회를 조금씩 바꿔 놔야 합니다. 홍익당은 그런 분들의 의견을 대변하는 기구가 되고자 합니다.

유튜브(YouTube) | 양심문화 보급운동

양심건국의 10가지 목표*

양심건국을 위해 우리가 추구해야 할 10가지 목표는 다음과 같습니다.

1 양심문명의 구현
2 홍익인간 이념의 완수
3 민족과 국가의 자주성 확립
4 노동을 통한 자아실현
5 정의로운 사회의 구현

---

* 자세한 내용은 부록에 실린 '홍익당 10대 강령'을 참고하십시오.

6 빈부격차의 최소화
7 민생의 안정과 더불어 즐기는 정치
8 지덕체의 계발을 통한 전인교육
9 양심적 리더의 선출
10 세계일가의 실현

양심으로 세계 정복

저는 꿈이 큽니다. '세계 정복'입니다. '양심'으로 세계 정복! 전 세계 인류 모두가 양심을 알고 살았으면 좋겠거든요. 그러려면 한두 명 꾀어서 될 일이 아니죠? 그래서 제가 무상으로 강의를 공유해서, 밤새 유튜브를 통해 전 세계에 몸을 나투면서 떠들고 다니게 만든 겁니다.

우리나라뿐만 아니라, 전 세계의 어느 나라 학교에서도 양심에 대해서는 제대로 가르쳐 주지 못할 게 뻔하거든요. 그래서 제가 찾아가서 전해 주고 싶은 겁니다. 전 인류가 깨어나야 문제가 끝나지, 우리나라만 깨어난다고 해결이 되겠습니까? 지금

중동이니 어디니, 전 세계적인 테러와 내전으로 날마다 얼마나 많은 사람들이 죽어가고 있습니까? 그 사람들 안에 있는 양심을 깨어나게 하기 전에 우리 마음에 진정한 평화가 올 수 있을까요?

아직은 우리의 역량이 부족하기 때문에, 바깥 나라들의 불행에 대해 찜찜함을 덜 느낄 수 있습니다. 하지만 언제까지 그런 상태로만 있어서는 안 되겠지요. 다른 나라까지도 도울 수 있는 수준까지 우리의 역량을 한번 길러 봐야 하지 않을까요? 그런 역량을 키워 볼 생각도 해 보시면 좋겠습니다.

유튜브(YouTube) | 양심으로 세계 정복

500년간 양심만 연구한 민족의 자부심을 되찾자

"전 인류가 양심을 찾지 않으면 망한다." "양심은 이것이다!" 하는 얘기를 우리 민족은 해 줄 수 있습니다. 조선 5백 년간 우리 민족이 다른 건 못 했더라도, '인의예지仁義禮智', 즉 '양심'을 붙잡고 버텼다는 사실, 그건 우리가 살려서 써야 합니다. "우리는 양심을 조선 5백 년 동안 연구한 민족이다!" 하고 나가야 해요. 또 다른 나라의 성인들이 다녀가신 게 2~3천 년 전인데, 우리 민족은 최소 5천 년 전부터 홍익인간을 주장했지요.

그런 자부심으로 세계인들에게 "양심은 우리에게 배워라!"라고 선언할 수 있어야 하는데, 지금은 우리가 그런 말을 할 처지가 못 되지요. OECD 통계에서 안 좋은 항목은 죄다 1위를 하고 있으니까요. 하지만 위기가 기회라는 말도 있지요? 이런 어려운 상황을 타개할 방법을 우리가 연구하다 보면, 전 인류를 살릴 '보편적인 답'도 얻을 수 있습니다. 그래서 저는 오히려 지금이 기회라고 생각합니다.

의사가 자기 몸에 암 덩어리를 하나 심어 놓고 암 치료제를 연구한다고 치죠. 그런 절박한 마음으로 우리 민족이 '양심'을 연구하면, 남북문제, 동서갈등, 노소갈등 등 모든 분열과 갈등을 극복할 방안을 찾아낼 수 있지 않을까요? 그렇게 하지 않으면 우리의 미래가 위태로우니까 한번 연구해 보자는 것입니다.

이 연구만 잘 되면 자본주의와 공산주의를 넘어설 답도 우리 민족이 내놓을 수 있습니다. 지금 자본주의와 공산주의로 분열되어 대치하고 있는 나라가 전 세계에 우리나라뿐이니까요. 우리 민족이 이런 암 덩어리를 갖고 있는데, 하늘이 왜 우리에게 이걸 주셨을까요? 너희가 치료제를 한번 개발해 보라는 것이겠죠.

이런 식으로 긍정적으로 생각하면서, 지금 힘들수록 "우리가 인류를 살릴 답을 내놓기 위해 이런 번뇌를 겪는구나." 하고 극복하시면 좋겠습니다. 하지만 번뇌를 많이 겪었다고 해서 우리가 저절로 '양심경영 전문가'가 되지는 않습니다.

그 번뇌를 '양심'으로 해결한 경험이 쌓여야만 우리가 양심경영 전문가로 거듭나고, 양심건국도 할 수 있습니다. 그러니 힘들수록 서로 싸우지 말고, 괜히 안에서 분열하느라 힘을 낭비하지 말고, '양심'으로 하나씩 답을 찾아보자는 것입니다.

유튜브(YouTube) | 양심세상이 온다

홍익대동의 사회 구현

　동양 정치철학의 핵심은 '황극皇極', 즉 '양심적 리더'가 되어, 천하를 창조적이고 양심적으로 경영하라는 것입니다. 그게 동양식 민주주의의 본질인데, 서양에서 들어온 민주주의 이론만 듣고 "민주주의는 국민이 하는 것이다." 하고 생각한다면, 그건 오해입니다. 민주주의에서 정치는 '양심적인 사람'이 해야 하는 것이지, 국민 중 아무나 해도 되는 것이 아닙니다.

　국민은 주식회사의 주주와 같습니다. 주식회사에서 주주가 직접 경영을 하는 건 아니지요. 우리가 힘든 이유는 '양심적인 경영자'를 만나지 못했기 때문인데, 양심적인 경영자를 키우고 선택할 생각은 하지 않고, 주주가 직접 경영에 뛰어든다고 해서 일이 잘 될까요? 이것은 매우 현실적인 이야기입니다.

동이족의 지혜가 시사하는 바에 따르면, 그렇게 해선 안 된다는 겁니다. 주주인 우리가 할 일은 '양심적인 리더'를 가르쳐서 만들어 내고 선택해 주는 것입니다. 그러려면 먼저 우리의 눈이 똑바르고 양심적이어야 하겠죠. 양심적인 리더를 알아보고 키울 수 있는 문화를 만들어야 하니까요.

노자老子도 말하기를, 천하의 왕 노릇 할 사람은 백성의 마음으로 자기 마음을 삼는다고 했습니다. 즉, 백성이 좋아하는 것을 좋아하고 백성이 싫어하는 것은 싫어한다는 것입니다. 그렇게 해 주지 못한다면 왕 노릇을 할 수 없습니다. 이렇게 모두 같은 얘기를 하고 있는데, 다른 얘기처럼 생각하시면 안 됩니다.

대동사회와
선진 정치 시스템

　순임금이 어느 한 곳에 살면 그곳에 항상 마을이 생겼다고 하지요. 순임금이 바닷가에 살면 바닷가에 마을이 생기고, 그 뒤로 바닷가에서 물고기를 가지고 장난치는 사람이 없어졌다고 합니다. 또 순임금이 도자기를 만들면 거기에 마을이 생겨서, 그 뒤로 도자기가 제대로 나오지 않은 적이 없었다고 합니다.

　이런 이야기를 전해 들은 요임금이 순임금을 데려와서 자기의 두 딸을 시집보냅니다. 그때는 자매가 한 남자에게 시집을 가던 때였기 때문에 자매를 보내어 순을 시험해 본 것입니다.

그리고 여러 자리의 일을 시키면서 수십 년을 지켜봅니다. 그런데 순임금만 보내면 모든 일이 잘 해결되는 것을 보고, 후에 천자 자리의 대리 역할을 맡깁니다. 요임금이 은퇴하면서 한동안 섭정을 하다가 요임금이 죽은 후에 정식으로 순임금이 등극합니다.

요즘 세상에 CEO를 발탁할 때에도 이렇게 치밀하게 하지는 않지요. 과거의 인재 등용 방식은 요즘의 그 어떤 시스템보다 선진적이었습니다. 고대라고 해서 "동양은 고대에 미개했을 거야." 하고 무시했다면 착각입니다. 현재 자본주의 시스템의 가장 선두에 서있는 기업의 등용 방식도 요순의 방식을 따라가지 못합니다.

로마가 가장 부흥할 때의 황제들이 그와 유사하게 했지요. 아들에게 왕위를 물려주지 않고, 그 나라에서 제일 유능한 사람을 양자로 삼아서 자리를 넘겨주었습니다. 로마의 5현제 시대에도 요순이 하듯이 인재를 등용한 것입니다. 그런데 『명상록』의 저자이자 마지막 현제인 마르쿠스 아우렐리우스가, 유능함을 따지지 않고 자기 아들에게 왕위를 물려주면서 로마가 멸망의 길을 걷기 시작합니다.

순임금도 같은 방식으로 우임금에게 왕위를 물려주었습니다. 자기 아들이 아니라, 아무런 인척 관계가 없는 우임금에게 왕의 자리를 넘겨준 것입니다. 그런데 우임금은 아들한테 자리를 주었고 그 뒤로는 계속 혈연에 따라 왕위가 계승되었습니다. 그래서 결국 하夏 왕조가 생겨납니다.

그래서 공자님이 '대동大同'(크게 하나가 된 사회) '소강小康'(조금 건강한 사회)을 논할 때, 대동을 요순에서 끊어 버립니다. 요순시대만을 대동사회로 본 것입니다. '대동사회'는 공적으로 전문경영인에게 왕위가 계승되는 사회이고, '소강사회'는 사사로이 아들에게 왕위를 물려주는 사회입니다. 즉, 대동사회는 천하를 공공의 것으로 여기는 사회이고, 소강사회는 천하를 자기 집안의 소유로 여기는 사회라고 할 수 있습니다.

다시 말하면, 천하를 그 나라에서 가장 양심이 밝은 사람에게 계승하여 천자 자리를 주던 시대가 '대동사회'이고, 자기 아들에게 물려주어 세습하는 사회가 '소강사회'입니다. 공자님이 이것을 기준으로 대동과 소강을 구분하신 것이죠. 동양의 대동정치가 유교에서 추구하는 이상적인 사회의 모델이니, 유교가 얼마나 선진적인 시스템을 표방한 것인가요? 지금도 이런 것은 우리가 못 따라가고 있지요.

이것은 현재 우리나라의 대통령 제도와 다른 이야기가 아닙니다. 임기가 짧은지, 긴지는 중요한 문제가 아니에요. 그리고 임기 짧은 게 좋은 것도 아닙니다. 현재 우리나라 대통령의 임기는 5년 단임제인데요, 임기가 짧은 게 좋은 시스템이라면 지금 자본주의의 첨단을 달리는 기업의 경영자는 왜 자주 바뀌지 않는 걸까요?

기업의 주주가 '국민'이고 경영자가 '대통령'인데, 경영자가 수익을 잘 내고 배당을 잘해 준다면 굳이 경영자를 바꿀 이유가 없겠죠? 지도자가 정치를 잘 하면 지도자를 바꿀 이유가 없는 것이고, 사실 그게 훌륭한 정치입니다. 그래서 요순 시스템이 더 선진 시스템이라고 하는 겁니다.

그렇다면 어떤 경우에 지도자를 자주 바꿀까요? 아무도 믿을 수 없을 때 그렇게 합니다. 경영을 잘하고 못하고가 중요한 게 아니라, 한 자리에 오래 있어서 생길 수 있는 부정부패의 문제가 더 심각하다고 생각되기 때문에 바꾸는 것이죠. 이것은 지도자를 전혀 믿지 못하기 때문에 생겨난 시스템이에요. 한 자리에서 5년이나 4년 단임만 시키겠다는 것은 누구도 못 믿겠다는 것이죠. 어차피 이상한 짓을 할 테니까 빨리 내려오라는 겁니다.

그런데 이런 제도의 부작용은, 지도자가 5년 안에 뭘 제대로 해 볼 수가 없다는 것입니다. 장기적인 정책을 실현할 수가 없고 보여주기 식의 단기 실적에 급급하게 되지요. 최악은 피할 수 있지만, 절대로 장기적으로 좋은 정치가 나올 수는 없습니다. 그러니 우리는 5년마다 대통령이 한 번씩 바뀌는데, 요순 시절에는 한 왕이 늙을 때까지 했으니, 요순 시스템이 뒤떨어진다고 생각하고 무시할 게 아닙니다.

오늘날 기업들의 경영주는 늙을 때까지 자리를 차지하고 있지요. 이상하지 않은가요? 요순의 시스템이 뒤떨어진 게 아니라, 도덕적인 인재를 키워 낼 수 있는 교육이 뒷받침되기만 한다면, 그게 훨씬 훌륭한 시스템이라고 할 수 있습니다. 이와 같은 관점에서 플라톤도, 인재들을 공부시켜서 철인을 많이 배양한 뒤에 철인들끼리 서로 대를 이어가며 역량껏 정치를 펼칠 수 있는, 그런 사회를 구상했습니다.

이런 플라톤의 국가론을 독재라고 비방하는 것은, 그의 주장을 전혀 이해하지 못했기 때문입니다. 오히려 독재가 너무 심하다 보니, 플라톤이 도덕을 제대로 아는 이성적인 철인을 많이 키워 낼 필요성을 주장하게 된 것입니다. 그래서 그들이 군주가 되고, 정의로운 정치를 하도록 해야 한다는 발상이었을 뿐입니다.

플라톤의 국가론이나 동양의 통치 철학은 근본적으로 같은 내용입니다. 모두 '양심적인 리더' '철학자 리더'의 필요성을 강조하고 있으니까요. 그런데 그런 리더가 없다면 차라리 몇 년 안에 흐름을 끊어주는 게 낫겠죠. "5년 하고 내려와. 어차피 양심적인 리더는 아니잖아." 하고 내려오라고 하는 것이 맞습니다. 하지만 양심적인 리더가 제대로 일하기 힘든 상황인 것도 사실입니다.

결국 양심적인 리더를 배양해서, 그 사람이 제대로 뜻을 펼 수 있게 해 주는 시스템이 선진 시스템이지, 단순히 독재를 막았다고 해서, 지금의 시스템이 과거의 것에 비해 훌륭하다고 말할 수는 없습니다. 여러분도 만약 세종대왕과 같은 성군이 재위해 있다면, 그분이 더 오래 살길 바라지 않을까요?

뭔가 모순이 되는 것 같고 이상하지 않습니까? 한편으로는 민주사회가 밝은 세상이고 진화된 시스템이라 믿고 있는데, 다른 한편으로는 군주시대 사람인 세종대왕과 같은 분이 더 오래 살았다면 우리나라에 좋은 일이 많았을 거라고 생각하니까요. 모순된 사고 같지만, 원리를 알고 나면 그게 모순이 아니라, 양심적으로 잘 생각한 것임을 알 수 있습니다.

양심세력이 51%가 되는 사회

인터넷에 보면 이런 실험이 있습니다. 한 사람이 정말 이상한 춤을 춥니다. 딱 보면 바보 같다는 느낌이 드는 우스꽝스런 춤을 춰요. 사람들은 그 사람을 모두 무시하죠. 그런데 한 명이 더 붙어서 춤을 추면 좀 더 유심히 살펴봅니다. 그런데 세 번째 사람이 뛰어들어 같이 춤을 추면, 지켜보던 사람들의 마음이 달라집니다.

"나도 저기에 끼어야 하지 않나?" 하는 압박을 받게 되어 마음이 다급해지는 것이지요. 그래서 한두 명이 더 몰려오죠? 그 다음부터는 그 무리에 끼지 못하면 자기가 바보가 될 것 같아서, 사람들이 춤을 추려고 달려 나옵니다. 나중에는 너도 나도 뛰어와서 춤을 추는 큰 무리가 만들어집니다.

처음에 한 사람이 춤을 추기 시작했을 때에는 그게 그냥 우스운 일이었죠. 공원에 수많은 사람이 있는데 혼자서 바보 같은 춤을 춘다는 건 그야말로 그냥 조롱거리인데, 추종자 한 명이 붙으면서 이야기가 달라지는 것입니다. 그리고 한 명이 더 붙으면 판이 바뀝니다.

나중에는 춤을 추는 사람이 주류가 되고, 가만히 있던 사람이 졸지에 의문의 1패를 당하게 됩니다. 갑자기 바보가 되고, 주류에 못 낀 사람이 되는 것이죠. 우리 사회는 이런 식으로 요동합니다. 이것을 학문적으로는 '복잡계'라고 표현합니다.

만약에 처음에 춤을 췄던 사람 옆에 아무도 오지 않았다면, 그 사람 하나 바보가 되고 일이 끝났겠죠. 이처럼 '공명'을 시킬 만한 요소가 있는 것을 주장하고 추종자가 생기면, 판이 바뀌는 것은 한 순간입니다. 도산 안창호安昌浩 선생은 "진실은 반드시 따르는 자가 있고, 정의는 반드시 이루는 날이 온다."라고 말씀하셨는데, 결국 모두 같은 이야기입니다.

어떤 일이 너무나 자명하고, 그게 모두를 위한 일이라면 더구나 안 해 볼 도리가 없겠지요. 또 내 '양심'이 시키기 때문에 거부할 수 없어서 한 일이더라도, 그게 공명만 일으키면 사회 전체를 변화시키는 큰 역할을 할 수도 있습니다.

그러니 여러분도 좀 더 큰 희망을 가지고, 사회에 자기 나름대로의 '울림'을 한번 쥐 보세요. 이 사회에 울림을 일으켜 보아서 그게 어떤 반응을 보이는지, 공명이 되는지를 보고, 또 한 번 종을 쳐서 얼마나 울리는지 보고. 그렇게 한 번씩 쳐 보고 하다 보면 여러분의 주변도 함께 변할 수 있다는 것입니다.

유튜브(YouTube) | 공명 – 판을 바꾸는 힘

집단지성을
활용하는
정치를 하자

　이제 저는 정치라는 '새로운 장(場)'으로 나아가서 대 국민적 '양심각성 운동'을 전개하고자 합니다. 깨어있는 국민이라야, 국민이 대접받는 민주세상을 만들 수 있습니다. 국민의 집단지성이 역사를 바꿀 원동력입니다. 촛불혁명을 통해 우리 국민은 깨어서 양심적으로 판단하는 역사의 주체로 각성해 가고 있습니다.

　국민의 양심적 집단지성은, 정확한 정보만 주어지고 특정 정치 집단의 세뇌에 빠지지만 않는다면, 얼마든지 스스로 합리적 판단을 해낼 수 있습니다. 따라서 정치인이 해야 할 가장 중요한 일은, ① 국민의 양심의 각성을 돕고, ② 국민의 양심적 판단을 돕는 정확한 정보와 의견을 제공하는 것입니다. 그리고 ③ 국민의 양심적 판단을 현실화하는 것입니다.

그런데 아직도 구시대적 정치 기득권 세력은 이런 변화를 감지하지 못하고, 오직 자신들만이 옳고 국민은 우매하다는 독선에 빠져 있습니다. 국민의 양심을 믿지 못하는 독선적 구태정치는 이제 사라져야 합니다. 그래서 정당과 정치인들은 다음과 같은 '3가지 사업'을 적극적으로 추진해야 합니다.

1 양심각성

국민의 양심적 집단지성이 더욱 빛을 발휘하도록, 국민의 양심을 자극하는 정보를 제공하여, 국민들이 스스로 깨어서 판단하는 주체가 되는 것을 돕고, 집단지성이 제대로 기능하도록 도와야 합니다.

2 양심판단

집단지성이 양심적 판단을 할 수 있도록, 매 사안에 대한 정확한 정보와 의견을 제시하여, 국민들이 공정하고 치우치지 않는 양심적 판단을 할 수 있도록 도와야 합니다.

3 양심실천

집단지성의 양심적 판단이 반드시 현실화되도록 최선을 다해 노력해야 합니다. 비양심적 욕심 추구에만 골몰하는 모리배들이 더 이상 국민의 삶을 망치지 못하게 막아 내고, 반드시 사회 정의를 구현해야 합니다.

국민이 햇빛이라면 정당과 정치인은 돋보기가 되어, 국민의 힘이 세상을 바꾸는 큰 힘이 되도록 돕는 것이 중요합니다. 이것이 제가 앞으로 생을 걸고 노력하고자 하는 국민적 양심각성 운동입니다. 깨어있는 많은 민주시민들의 동참을 바랍니다.

유튜브(YouTube) | 홍익당의 3대 사업

직접민주주의의 구현

　정치인들이 국민의 의사를 진심으로 대변할 때 진정한 민주주의는 이루어질 수 있습니다. '직접민주제'라면 국민이 직접 국가의 중대사에 대한 의사결정을 해야 하는데요, 이제는 인터넷 덕분에 그런 직접민주주의도 가능해졌습니다. 중요한 안건을 온 국민이 모여서 투표로 결정할 수 있을 정도의 물질적인 인프라가 갖춰진 것이지요.

　과거에는 물리적으로 이런 것이 불가능했기 때문에 '간접민주제'를 선택해 온 것입니다. 그래서 국민을 대신하여 의사결정에 참여할 국회의원을 선출해서 정치에 참여시키는 것이죠. 그런데 정말로 민주주의라면, 그 국회의원들이 누구보다 국민의 의견을 반영하여 의사결정을 하고 정책을 개발해야 맞습니다. 하지만 현실에서는 그게 이루어지지 않고 있어요.

간접민주주의를 하려고 했더니 정치가들은 국민의 의견을 자기 입맛에 맞게 왜곡하고, 정부도 직접민주주의적인 변화를 원하지 않고 있지요. 지금 우리가 민주주의 시대를 살아간다고 믿고 있지만, 이런 부분에 대해서는 심각한 반성이 필요합니다.

이제는 우리가 얼마나 상식 밖의 시대를 살고 있는지에 대해 누구나 공감할 것입니다. 결국 모든 문제의 해결은 상식의 회복에 있습니다. '양심적인 리더'를 길러 내고 선출하여, 양심적 리더가 정치를 할 수 있도록 만들지 못하면, 아무리 우리가 민주 세상이라고 말해도, 결국 국민이 주인으로 대접을 받는 사회는 경험할 수 없을 것입니다.

국민이 주권을 행사하려면 모든 국민들이 각성해야 하고, 그래서 정치인들이 국민의 눈치를 보게 만들어야 하는데, 지금 우리나라는 전혀 그렇게 되어있지 않지요. 이제는 국민의 눈치를 볼 만한 사람, 즉 양심적인 사람을 정치인으로 선택해야 합니다.

유튜브(YouTube) | 민주주의의 전제조건

대한민국의 양심시민들에게 고함

이제는 진보니 보수니 하는
기존 정치의 프레임에서 벗어나야 합니다.

본래 보수는 온건파요
진보는 급진파라는 의미를 지녔을 뿐입니다.
그리고 그러한 입장은 사안에 따라
달라지는 것이 정상입니다.

그리고 진보와 보수는 국익을 위할 때,
즉 양심을 따를 때에만 의미를 지닙니다.

그런데 이러한 이념이 굳어져서
보수와 진보가 맹목적 이념이 되어 버렸습니다.

무조건 보수, 무조건 진보를 외치며,
우리 편이면 양심이 없더라도 덮어 주고
우리 편이 아니면 양심적이어도 성토하여,
민주시민의 기본조차 망각한 지 오래입니다.

이런 맹목적 보수, 맹목적 진보는
가짜 보수이고 가짜 진보입니다.
진정한 민주시민이라면
'양심적 보수', '양심적 진보'가 되어야 합니다.

양심이 빠진 이념은
어떤 판단 기준도 되지 못합니다.
작금에 보수파 출신의 대통령이 탄핵됨으로 해서
보수들이 방황하고 있다는 말이 들려옵니다.

그래서는 안 됩니다.
설사 과거의 과오 때문에 자괴감이 들더라도

이제는 깨달아야 합니다.
양심이 없는, 사리사욕에 빠진 보수는
이미 진정한 보수가 아니라는 것을 말입니다.

가짜 보수를 변호하여
자신을 합리화하는 데 아까운 시간을 낭비하지 마십시오.
대한민국은 시시각각 요동하고 있습니다.
우리나라는 안팎의 위기 속에서 표류하고 있습니다.

비양심을 옹호하는 보수는
가짜 보수일 뿐이며,
비양심을 변호하는 진보는
가짜 진보일 뿐입니다.

이제는 진보·보수를 초월하여
'양심세력'이 뭉쳐야 할 때입니다.
시간이 없습니다.
위기는 기회입니다.

대한민국이 깨어나고 있습니다.

우리를 옥죄던 구시대의 틀이 깨지고 있습니다.
모든 적폐의 근원은 진보나 보수가 아니라,
바로 '비양심'입니다.

'비양심세력'이야말로 모든 패악의 원흉입니다.
소수의 비양심적 보수세력이 문제이며,
소수의 비양심적 진보세력이 문제입니다.

한 마리의 미꾸라지가 강물을 흐려놓듯이
소수의 비양심세력들이 이 나라 전체를
난국으로 몰고가고 있습니다.

이 땅의 패악의 원흉이 적나라하게 드러날 때야말로,
그것을 치유할 최적의 때가 아니겠습니까?
지금이야말로 이 땅의 건전하고 합리적인
양심세력들이 모여서 새로운 나라,
'양심세상'을 이루어야 할 때입니다.

그래서 제안합니다.
합리적 보수, 양심적 보수와

합리적 진보, 양심적 진보,
그리고 이 땅의 모든 양심세력은
'홍익당'으로 오십시오.

아니다. 나는 죽어도 보수요
진보와는 뜻을 같이 못한다.
아니다. 나는 죽어도 진보요
보수와는 뜻을 같이 못한다.

아직도 이런 생각을 버리지 못하신다면,
새로운 세상을 열어 갈
양심시민이 될 자격은 부족하고
적폐세력이 될 자격은 충분함을 직시하십시오.

반대편의 의견에 귀를 기울이고 소통할 수 있으며
자명한 진리라면 허심탄회하게 받아들일 수 있는,
그런 여유를 지닌 합리적 보수, 합리적 진보야말로
이 땅의 미래이자 희망입니다.

이곳 홍익당은 그러한 양심지사들이 모여

양심건국을 논의하기 위해 펼쳐진 장입니다.
이 다시 없을 때를 그냥 흘려보내지 마십시오.

한민족이 다시 '양심강국' '문화강국'으로 도약하여
전 세계에 '양심KOREA'를
널리 알릴 최고의 기회를 놓치지 마십시오.

지금은 자괴감에 빠져 있을 때가 아닙니다.
과거는 흘려보내고 지금 여기서 새 희망을 도모해야 합니다.
상식이 통하고 양심이 통하는
홍익당에서 새로운 나라의 건설을 논의해야 합니다.

이것만이 그동안 여러분이 피땀 흘려 이룩한
이 대한민국을 후손들에게 가장 아름다운 모습으로
물려줄 수 있는 최선의 선택입니다.

서로가 서로를 믿지 못하여
적대시하던 시절은 이제 지났습니다.
이 땅에는 진보와 보수를 아우를 수 있는
'양심정당'이 태동하였습니다.

'홍익인간'의 국시를 실현시킬 싹이 자라고 있습니다.

선이 악을 이기기를 기원하며,
양심이 욕심을 누르기를 원하며,
정의가 불의를 제압하기를 원하며,
진리가 거짓을 물리치기를 원하며,
이 땅의 모든 이가 행복하기를 원하는 이라면
누구나 이 변화에 참가할 자격이 있습니다.

다른 자격은 필요 없습니다.
오직 "내가 당하기 싫은 것은 남에게 가하지 않겠다!"라는
'양심의 명령'에 따라 판단하고 행동하는
합리적이고 상식적인 양심시민이면 충분합니다.

양심시민들이여, 이제 여기 모여서
'양심'을 노래합시다.
진리와 정의를 토의합시다!
아름다운 세상을 꿈꿉시다!
양심이 승리하는 세상을 만듭시다!

Conscience Politics

4 어떻게 양심정치를 이룩할 것인가?

동양의 리더관과
대통령의
역할

지금 우리나라에 필요한 리더는 세종과 같은 리더라는 말을 자주 듣습니다. 그렇다면 세종과 같은 리더는 어떤 리더일까요? 『노자』에서는, 진정한 리더는 어느 한 분야의 전문가가 아니라, '통나무'(樸, 통나무 박)가 돼야 한다고 말하고 있습니다. 우리가 통나무를 쪼개면 동그랗거나 네모난, 다양한 모양의 '그릇'(散, 쪼갤 산)을 만들 수 있습니다. 그런데 그릇은 모양에 따라 용도가 달라지기 때문에 특정 분야에 국한되어 쓰이게 됩니다.

그래서 노자는, 천자는 '통나무'와 같아야 하고 각 장관들은 '그릇'과 같아야 한다고 말했습니다. 장관들은 각자 자기 분야의 일만 잘하면 되니까요. 한 장관이 해내는 일을 다른 분야의 장관이 해내지 못해도 문제가 되지 않습니다. 예를 들어 내가 농림수산부 장관이라면 해당 분야의 일만 잘하면 되는 것이지, 기획재정부 장관이 하는 일을 하지 못한다고 해서 그게 흠이 되지는 않지요.

그런데 국가의 최고경영자인 천자는 한 분야에 국한된 전문가가 되어서는 곤란합니다. 각 장관들이 자신의 전문성을 그 부서에서 온전히 발휘할 수 있도록 도와주는 것이, 천자의 가장 중요한 역할이기 때문입니다. 즉, 천자는 한 분야에 국한된 실무가가 아니라, 신하들이 양심을 잃어버리지 않고 양심이라는 길에서 벗어나지 않도록 계속해서 자극을 주는 '양심경영자'인 것입니다. 노자는 천자가 '양심경영' '무위경영'의 전문가여야 한다는 것을 말하고 있는 것이죠. 이것이 동양에서 보는 리더관입니다.

그래서 천자는 '무위無爲'를 해야 한다고 한 것입니다. 무위란, 단순히 하는 일이 없다는 의미가 아닙니다. 천자가 사심으로 경영하는 것이 아니라, 각 부 장관들이 자기 역할을 다할 수 있도록 '보편적 양심의 화신'이 되어 계속해서 응원해 주는 존재가 되어야 한다는 것입니다. 리더는 아랫사람들이 계속 양심적으로 움직일 수 있는 힘을 주면 되는 것이지요.

성인은 늘 마음이 없으니
백성의 마음을 자신의 마음으로 삼는다.
聖人恒无 心以百姓之心爲心
(『노자』)

그러니 천자가 무위해야 한다는 것은, 천자가 어느 특정 부서의 일을 직접 하는 것이 아니라는 의미가 됩니다. 이것은 천자가 특정 분야의 전문가일 필요가 없다는 의미기이도 하지요. 그리고 그냥 하는 일이 없는 것이 아니라, 사실 천자는 온몸으로 양심을 구현하고 있어야 합니다.

태양이 빛을 대어 주면 지구상의 수많은 존재가 그 빛의 힘으로 살아갑니다. 만약 우리가 태양의 빛을 이용해서 기계를 돌린다고 하면, 태양빛은 하나인데 그 빛으로 돌아가는 기계는 다양하겠지요? 그 빛을 이용해서 보일러가 돌아가고, 공장의 기계도 돌아가고, 자동차도 움직일 것입니다. 리더는 바로 이런 태양빛과 같은 존재가 되어야 합니다.

공자께서 말씀하시길 "정치를 '덕德'으로써 하는 것은, 비유하자면 북극성이 제자리를 지키고 있으나, 모든 별들이 그를 받드는 것과 같다."라고 하셨다.

子曰 爲政以德 譬如北辰居其所 而衆星共之

(『논어』「위정爲政」)

『논어』에서도 임금은 '북극성'과 같아야 한다고 했습니다. 북극성을 중심으로 모든 별들이 돌듯이, 리더는 자기 자신은 움직이지 않으면서 주변을 움직이게 만들 수 있는, '태풍의 핵'과 같은 존재가 되어야 합니다. 그런데 그 사람이 그야말로 아무 일도 하지 않고 있다면 주변의 별이 그 사람을 중심으로 돌지 않겠죠? 그러니까 아무것도 안 하고 있는 것이 아니라, 온몸으로 양심을 구현하고 있어야 하는 것입니다.

천자는 그런 '양심의 힘'으로 백성과 신하들에게 엄청난 영향력을 발휘하고 있어야 합니다. 그래야 신하들이 그 천자 앞에서 감히 사기를 치지 못하고 양심적으로 움직이게 됩니다. 사기를 쳐 봤자 어차피 들통이 나고 크게 혼이 날 것이라고 생각되기 때문에 감히 사기를 치지 못하는 것이지요. 세종이 그런 천자로서의 맛을 냈기 때문에 당시 우리나라에 태평성대가 온 것입니다.

다른 왕들과 비교해 보았을 때 세종이 탁월했던 점은, 임금이 양심을 좋아한다는 것을 온몸으로 보여 줌으로써 양심을 구현했다는 것입니다. 리더가 이처럼 스스로 양심을 구현하면, 아랫사람들은 어쩔 수 없이 그 리더에 맞추게 되어 있습니다.

따라서 나라를 운영하기 위해서 대통령이 모든 분야를 완벽하게 꿰뚫고 있어야 하는 것이 아닙니다. 각 분야에는 그 분야에 필요한 전문가가 이미 따로 있으니까요. 그러면 대통령은 어떤 역할을 해야 할까요? 신하와 백성들에게 '양심적 비전'을 제시하고, 그들이 양심적으로 움직이게 하는 것이 대통령의 책임입니다.

구슬이 서 말 이어도 꿰어야 보배가 되듯이, 양심경영자를 만나야 신하들의 다양한 재능이 국민을 이롭게 하는 데에 활용될 수 있습니다. 아랫사람들이 사기를 치지 않고 양심적으로 움직이게 만드는 그런 역할을 리더가 해 줘야 하는 것입니다. 그러기 위해서는 인간이 가야 할 길이 무엇인지에 대한 구체적인 비전과 명확한 미션을 리더가 구성원들에게 제시해 주어야 합니다. 그리고 무엇보다 자신이 실제로 그렇게 살아야 합니다.

『중용』에서는 천하를 다스리는 9가지 방책을 소개해 주고 있는데, 신하나 백성의 관리보다 '수신修身'이 첫째 항목입니다. 즉, 리더가 양심적으로 사는 것이 가장 우선사항이라고 본 것입니다. 리더가 양심적이면 특별히 무언가를 더 하지 않아도 나머지는 자연스럽게 잘 돌아간다는 것이지요. 리더가 진심으로 양심을 좋아하고 양심적으로 살고 있으면, 리더가 시시콜콜 이래라 저래라 하지 않아도 신하들이 알아서 움직입니다. 부모가 똑바로 살고 있으면 특별히 인성교육을 하지 않아도 자녀가 올바르게 자랄 수밖에 없는 것이지요.

유튜브(YouTube) | 양심경영 전문가가 다스려야 한다

대통령은 양심경영 전문가

"나는 죄를 짓지 않고 산 것 같은데, 사람들은 왜 나를 멀리할까?" 하고 원망할 일이 아닙니다. 여러분의 속마음이 '양심성찰의 6가지 원칙'대로 잘 관리되고 있다면, 말하지 않아도 다른 사람들이 여러분을 신뢰하게 돼 있으니까요. 그러면 마치 기적이 일어나는 것처럼, 예전 같으면 이루어지기 어려운 일이 신기하게 추진되기도 하는 것이죠.

그것은 여러분이 양심적으로 속마음을 쓴 것에 다른 사람들이 감응해 준 인과로 일어난 일입니다. 그런데 사람들은 그런 인과의 공식을 잘 모르기 때문에, 그것을 단순히 기적이라고 생각하거나 운이 좋았다고 생각하고는, 그 공식을 쓰다 말다 합니다. 그런 공식을 잘 알고 항상 쓰면서 살아가는 사람들이 바로 군자입니다.

군자는 늘 자신의 양심에 진심으로 깨어서, 양심의 구현에만 마음을 쓰고 살아갑니다. 그런 군자의 주변에 있으면 따로 상을 주지 않아도 주변 사람들이 "양심을 더 잘해야지…." 하고 스스로를 격려하게 됩니다. 그리고 군자가 화를 내지 않았는데도 "아, 다시는 그런 짓을 하지 말아야지." 하고 스스로 양심의 가책을 실감나게 느끼게 됩니다. 이상하게 군자의 주변에 가면 모두가 양심으로 감응되는 그런 현상이 일어나는 것이지요. 군자는 이처럼 북극성이 되고 태풍의 핵이 되어, 주변을 변화시키게 됩니다.

이것이 곧 노자의 '무위경영'이고, 공자의 '양심경영'입니다. 노자의 가르침과 공자의 가르침은 본래 하나입니다. 노자와 공자는 같은 원리를 깨달으신 분들인 것이지요. 노자는 '무위無爲', 즉 임금이 아무것도 하지 않았는데도 백성이 변하게 되는 공식을 체득했고, 공자도 그와 같은 깨달음을 얻었는데 단지 이름만 다를 뿐입니다.

공자께서 말씀하시길 "함이 없이 천하를 다스린 이는 순舜임금이시다. 대체 무엇을 하셨는가? 자신을 공경스럽게 하고 바르게 남방(백성들이 있는 곳)을 향하셨을 따름이다.

子曰 無爲而治者 其舜也與 夫何爲哉 恭己正南面而已矣

(『논어』「위령공衛靈公」)

예수님과 같은 성자가 청와대에 공손히 앉아서 백성들을 다스리고 있다고 한번 상상해 보세요. 여기에서 공손히 앉아 있다는 것은 그냥 앉아만 있다는 것이 아니라, 백성을 다스리는 천자의 자리를 굳건히 지키고 있다는 의미입니다. 성자가 그렇게 온 국민을 지켜보고 있다면, 국민들이 알아서 자신의 양심에 따라 이웃을 사랑하려고 노력하면서 점점 변해 갈 것입니다.

그래서 공자가 순임금이 통치할 때에는 따로 한 일이 없었다고 말한 것입니다. 꼼수를 부리거나 권모술수 같은 것을 쓸 필요가 없었으니까요. 요즘의 정치 9단이라는 말은 권모술수의 9단, 즉 '패도정치술'의 9단을 말하는 것이지, 이런 '왕도정치술'의 9단이 아닙니다. 왕도정치술의 9단이라면 항상 깨어서 양심적으로 말하고 행동함으로써, 국민과 정치인, 공직자들을 협박하지 않아도 양심적으로 굴러갈 수 있게 끌고 갈 수 있어야 합니다.

비현실적으로 느껴지겠지만 이런 경영법이 분명히 존재합니다. 앞으로 홍익당은 그런 '왕도정치'를 이 땅에서 실험해 볼 것입니다. 패도술은 이미 수천 년간 너무 많이 써왔기 때문에 아무 역사책이나 뒤져도 "아, 패도를 쓰면 이렇게 망하는구나!" 하는 정보를 쉽게 얻을 수 있습니다. 그런데 "왕도를 쓰면 이렇게 좋아진다." 하는 정보는 매우 드뭅니다. 세종 때에도 왕도정치가 제대로 구현되지는 못했으니까요.

그런 왕도정치를 이제 우리가 정말로 실현해 보자는 것입니다. 이 정도의 원은 세워야 여러분의 마음이 뿌듯하지 않은가요? 왕도정치가 실현되면 여기가, 우리의 현실이 천국이 되고 극락정토가 됩니다. 양심경영 전문가인 리더가 다스리는 나라가 바로 지상천국이고 극락정토인 것이지요. 양심의 전문가가 아니면, 그렇게 만들어 주지 못합니다. '무위의 양심'으로 경영하지 못하기 때문에 자꾸 꼼수를 부릴 수밖에 없게 됩니다.

모든 일을 양심으로 처리할 수 있는 전문가가 '양심경영 전문가'입니다. 국정의 모든 문제를 양심으로 처리할 수 있는 사람이 리더의 자리에 앉아서, 장관과 같은 분야별 현장 전문가들이 매사를 양심적으로 진행하는지 살펴보고 이끌어주면 되는 것이지요.

그래서 천자, 대통령은 무위경영을 해야 한다고 말하는 것입니다. 리더는 어느 분야의 일을 직접 맡아 보는 것이 아니라, 각 분야의 전문가들이 양심적으로 작동할 수 있게 도와주는 역할을 해야 하니까요. 나라 전체가 양심을 지향해서 양심 문화로 나아가고, '양심 51%'를 항상 유지하는 데 있어 리더가 최종적인 역할을 해야 하는 것이죠.

그런 중요한 역할 때문에 천자, 즉 대통령에게 엄청난 권력이 주어진 것입니다. 그런데 그 사람이 자기에게 주어진 엄청난 권력으로 사적인 욕심을 부리게 되면 큰일이 나는 것이죠. 그러니 우리는 그런 큰 권력이 왜 한 사람에게 주어졌는지에 대해 먼저 이해해야 합니다. 개헌으로, 선거로 그 권력을 뺏자는 것은 정치의 본질이 아닙니다. 그 권력을 어디에 어떻게 쓸 것인지가 정치의 본질이죠.

유튜브(YouTube) | 양심경영 전문가가 다스려야 한다

양심대통령의 양심경영 6원칙

1. 대통령은 편견과 욕심을 벗어나 양심의 명령에 깨어있어야 한다! (양심각성)

2. 대통령은 국민과 진심으로 소통하고 국민에게 이로운 결정을 내려야 한다! (사랑)

3. 대통령은 국민을 공정하게 대하고 부당한 피해를 주는 결정을 해서는 안 된다! (정의)

4. 대통령은 국민의 입장을 진심으로 수용해야 한다!

또한 국민으로 인해 자신이 존재함을 명심하고
늘 겸손해야 한다! (인욕·예절)

5. 대통령은 어떤 난관이 있더라도 양심의 구현을
   자신의 사명으로 알고 최선을 다해야 한다! (성실)

6. 대통령은 근거가 있는 자명한 진실에
   기반을 두고 결정을 내려야 한다! (지혜)

이것은 제가 평생 연구하고 실험하고
설파해 왔던 '양심경영 6원칙'의
대통령 버전입니다.

'양심경영의 전문가'란 바로
이 6원칙에 따라 일을 처리하는
전문가라는 의미일 뿐입니다.

대통령은 양심경영 전문가가
되어야 한다고 강조했던 것도
바로 이 6원칙의 중요성 때문이었습니다.

제가 어떤 공약의 이행보다
가장 강조하고 싶은 것은
이 6원칙을 목숨을 걸고
매 순간 실천하겠다는 것입니다.

저는 경제·정책·법률 전문가는 아닙니다.
그러나 양심경영의 6원칙에 따라
국정을 운영하는 '양심경영의 역량'에 있어서는
그 누구보다 자신이 있다고 감히 자부합니다.

그리고 작금의 대한민국에는 어떤 전문가보다
국민이 진심으로 신뢰할 수 있고,
오직 국민을 위한 결정을 내릴 수 있는
양심경영 전문가가 필요합니다.

이것이 부족한 것이 많은
제가 감히 대선에 출마한 이유입니다.

2017. 4. 15. 새벽
대선후보 등록을 몇 시간 앞두고 국민 여러분께 고하는 글

한국인이여, 일상에서 깨어나라*

새 천년을 맞이한 인류는 새로운 도전을 맞고 있다. 수천 년간 골방에 감추어 두고 쉬쉬해 오던 인간들의 추한 '욕심'의 쓰레기들이 걷잡을 수 없이 수면 위로 떠오르고 있는 것이다. 현 문명이 직면한 최대의 위기는 그러한 문제점들을 기존의 방식대로, 즉 단순한 이데올로기나 제도의 변혁을 통해 해결할 수 없다는 데 있다.

정치 · 경제 · 환경 · 사회 · 교육 · 종교 등등 어느 분야 하나도

---

* 2000년 10월 4일 진주에서 군복무 중 쓴 글을 다듬은 것으로, 지난 20여 년 불변으로 추구했던 이념이 잘 담겨 있어서 여기에 소개합니다.

아픈 소리를 내지 않는 곳이 없다. 그 중에서도 가장 아파하고 소외감에 떨고 있는 것은 바로 우리의 '마음'이다. 하지만 걱정할 일만은 아니다. 이 혼탁한 탁류 속에서도 맑은 물결이 미미하지만 조금씩 그 힘을 키워가고 있다. 언젠가는 이 모든 탁류를 정화하리라는 신념으로 말이다. 그것은 바로 여러 성자^{聖者}들의 가르침, 즉 인간 내면의 순수한 영혼인 '참 자아'의 회복에 대한 관심의 증폭이다.

최근 들어 이러한 추세는 더욱 커져만 간다. 어쩌면 이러한 새로운 기류가 인류사를 아주 획기적으로 변화시킬지도 모를 일이다. 암흑을 향해 가는 세계의 한 편에서 무수한 성자들의 가르침이 싹을 키워 가고 있는 것이다.

여러 성자들은 말한다. 인간사 모든 문제의 주범은 결국 이 마음의 '이기적 욕심'이라고. 따라서 각자의 마음 안에서 작은 혁명들이 일어난다면, 결국 이 현상계 전체의 변혁을 가져올 것이라고 말이다.

모든 문제의 해법을 밖에서만 찾고 있는 우리들에게, 이러한 메시지는 우리 자신의 근본적인 변혁이 아니고선 다른 해법이 없음을, 그리고 그러한 변혁을 더 이상 미룰 수 없음을 전해 준다. 이 사회 곳곳에서 마주할 수 있는 이 '이기적 욕심'을 묵과한 채 어떻게 이데올로기와 제도의 개혁을 논한다는 말인가?

'권력'이라는 것이 올바로 사용될 때, 그것을 문제 삼을 사람은 없을 것이다. 하지만 이러한 인류의 오래된 꿈은 참혹한 인권 유린 아니면 전쟁이라는, 항상 비참한 결말로 끝을 맺어 왔다. 그것은 무엇 때문일까?

권력을 얻기 전까지는 항상 정론正論만을 펼치던 정치가들도 권력을 얻고 나면 달라진다. 그는 "사람들을 위해 내가 무엇을 할 것인가?"를 고민하기보다는 "어떻게 하면 '나' 아닌 다른 사람들을 지배하여, '나'의 권력을 오래도록 유지할 수 있을 것인가?"에만 골몰하게 된다. 이것은 바로 '권력욕', 즉 '이기적 욕심' 때문이다. 그리고 이러한 욕심들은 다른 사람들을 위하기보다는 자신만을 사랑하라고 속삭이며, 남을 나처럼 사랑하라고 외치는 '참 자아'의 목소리를 말끔히 지워 버린다.

노력 없는 부자는 없을 것이다. 하지만 이 지구상에는 인류가 먹고 쓸 충분한 재화가 있음에도 불구하고, 그것들이 소수를 위해서만 쓰이고 있다는 사실을 잊어서는 안 되겠다. 그리고 그러한 일들을 부추기는 것이 바로 인간들의 한계를 모르는 '이기적 소유욕'이라는 사실도 결코 잊어서는 안 될 것이다.

한 사람, 한 사람이 주위의 헐벗은 사람들을 한 명이라도 도울 때 그 자신 또한 이루 헤아릴 수 없는 도움을 동시에 받는다는 사실을, 사람들은 쉽게 망각하며 생각하려고도 하지 않는다. 아주 개인적이고, 지나고 보면 아무 것도 아닌 '이기적 욕심' 때문에 말이다.

현실이 그렇다. 우리가 지금까지 이 역사를 유지해 온 것도 실은 이 인류의 '욕심' 때문이었다. 욕심이 없이 어떻게 지금과 같은 문명을 만들고 유지해 올 수 있었을 것인가? 자본주의가 공산주의에 승리한 것도 어떻게 보면 인간의 그칠 줄 모르는 '욕심에 대한 경외' 때문이었다.

'욕심'은 살아있다. 그리고 그 욕심은 결코 '이데올로기' 따위에게 지지 않는다. 왜 그런가? 그 이유는 매우 단순하다. 많은 경우, 바로 욕심이 이데올로기의 주인이기 때문이다. 이데올로기 또한 욕심의 도구가 되어버린 '이념'이니, 인류는 그때그때 필요한 이데올로기들을 만들어 내어, 그들의 욕심을 치장하였으며 더욱 빠르게 그것들을 충족시켜 왔던 것이다.

이러한 '욕심'이 만들어 낸 모든 오래 묵은 습관, 못된 습관에서 자신의 마음을 정화하는 것, 그것이 우리가 모색해야 할 길이 아닐까? 그것만이 이 인류가 지금까지의 모든 굴레를 벗어던질 수 있는 가장 간명한 비결이 아닐까? 그것은 인류 누구나 어렴풋이 알고 있으면서도, 쉽게 외면해 왔던 문제의 핵심일 것이다. 이제는 이러한 실상을 직시할 때다. 아무리 가슴이 아프고 피눈물이 흐르더라도 이제는 묵은 때를 도려내야 한다!

우리가 모든 문제의 주범인 지극히 '이기적 욕심'을 정화하기 위해 항상 주의해야 할 것은, 자신의 마음이 각종 상황을 마주할 때마다 그 순간순간의 욕심에 맹목적으로 따라가느냐, 아니면 그 욕심들의 장난질을 깨어있는 정신으로 지켜볼 수 있느냐이다.

모든 성자들은 말한다. 무엇보다 "항상 깨어있어라!" "항상 알아차려라!" 그리고 "이미 지나버린 과거나 아직 오지 않은 미래에서 헤매지 말고, 항상 현존하는 '지금 이 순간'에 머물러야 한다!"라고 말이다.

한 개인의 '욕심의 정화'가 전체 현상계에 무슨 힘을 발휘하겠는가 하고 의문을 표시할지 모르나, 그것 또한 고정관념일 뿐이다. 사회를 억지로 바꿀 수 있을까? 그 또한 결국 각종 이데올로기와 제도의 개혁으로 포장된 소수의 욕심일 뿐이지 않은가?

설사 그렇게 해서 우리의 삶이 바뀐다고 하여도 지금과 무엇이, 얼마나 달라질 것인가? 단지 인간의 욕심이 다른 방식을 빌려서 나타날 뿐이다. '욕심' 자체를 정화시켜야 한다. 최소한 우리는 이러한 욕심의 장난질을 알아차려야 한다.

이 현상계를 현대 학계에서는 '복잡계'라고 말한다. 복잡계란 항상 요동하며 어떤 하나의 논리에 규정되지 않는 개방된 세계를 말한다. 복잡계가 요동하는 이유는 다름이 아니라 인간의 '욕심'이 쉬지 않고 움직이기 때문이다. 욕심이 없는 현상계가 존재할 수 있을까?

멈추지 않는 인간의 욕심은 쉬지 않고 새로운 대상을 갈구한다. 또한 그 요구에 맞춰 끊임없이 새로운 제도·제품·이데올로기·종교 등이 현상계에 나타난다. 이러한 현상계는 욕심을 지배하는 법칙인 '카르마의 법칙', 즉 '인과법칙'에 따라 움직인다. 하지만 이러한 카르마의 법칙의 전 과정을 완전히 파악하기에는 의식에 한계가 있다.

우리는 현상계의 여러 현상들 간의 관계를 단 하나의 원인과 결과로 설명할 수 없다. 이 우주에는 너무도 많은 원인이 있고 너무도 많은 결과가 있다. 우리는 그것들을 인간의 '주관적인 해석'으로 파악할 뿐이다. 이러한 요인 때문에 아무리 완벽한 설계도를 그리고 계획을 짠다고 하더라도, 그것이 그대로 현실화되는 일이 극히 드문 것이다.

그러나 반면에 이러한 복잡하고 모순적인 현상계는, 우리가 보기에는 너무도 미미해 보이는 아주 작은 몸짓에 의해서도 일파만파一波萬波가 되어 언제든지 전체가 하루아침에 뒤바뀔 수도 있는 것이다. 단 그것이 주변으로 공명共鳴하여 퍼질 수 있다면 말이다. 이것이 끊임없이 요동하는 현상계의 특징이다.

이러한 현상계에서 먼 미래를 예측한다는 것은 그다지 큰 의미가 없다. 상황은 계속해서 변해 갈 뿐이다. 무엇보다 중요한 것은, 순간순간의 변화가 갖는 변화의 낌새를 '통찰'하는 것이다. 명나라의 철학자 왕양명王陽明 선생은 '앞날의 예측'에 대해 물은 제자에게, "그러한 의도 자체가 욕심의 소산일 뿐이다!"라고 질책한 뒤, "선악이 갈리는 순간순간의 낌새를 잘 알아차려라!"라고 하였다.

미래를 알고자 하는 욕심을 버리고, 매 순간 자신의 양심에 당당한 나와 남 모두를 배려한 선택을 하기만 하면 된다. 그런 선택은 필연적으로 나와 남 모두를 행복으로 인도할 것이다. 한 개인이 자신의 '욕심'을 정화하여 순수한 '양심'으로 돌아갈 때, 그 순수한 '영혼의 밝은 빛'은 주위에 퍼질 것이다. 그리고 이러한 빛은 또 다른 빛의 존재를 일깨울 것이다. 그리고 어느 순간 이 지구 전체가 온통 빛으로 물들게 될 날이 올지도 모르는 일이다.

그러한 순간은 우리가 예상하는 것보다 훨씬 빨리 이 현상계에서 이루어질 수도 있다. 그러기 위해선 무엇보다 우리는 인류 정화의 최대 적인 우리 자신의 '이기적 욕심'을 정화해야 한다. 이기적 욕심들을 '대아적 양심'으로 전환시켜야 한다.

우리가 우리 자신의 마음 안에서 일어나는, 이러한 조그만 혁명들을 철저히 이해하는 것만으로도 우리는 변화하기 시작할 것이다. 그리고 그 이해의 깊이에 따라, 체험의 깊이에 따라 그만큼의 빛을 자신의 주위에 내뿜기 시작할 것이다. 이것은 비단 우리나라에 국한될 것이 아니다. 이러한 빛은 지구 전체를 변화시킬 것이다. 태양의 빛을 누가 막을 수 있겠는가?

태양처럼 사심 없는 빛을 뿜어낼 수 있는, '빛의 존재'들이 많아진 사회에서는, 더 이상 옛 제도와 옛 관습·옛 이데올로기는 통하지 못할 것이다. 이미 사회 전체가 질적으로 달라져 있을 것이기 때문이다. 개개인의 자발적 변화가 사회 전체의 변화를 가져올 것이다. 하지만 전체가 변하기 위해서는 우선 '한 사람'이 변해야 한다. 그리고 그 '한 사람'은 바로 '우리 자신'이 되어야 할 것이다. 주위를 둘러보지 말자. 나부터 변화하자!

대한민국의 근본처방, 양심정치

　대한민국은 지금 중병에 걸려서, 온몸 구석구석 어느 한 곳 아프지 않은 곳이 없습니다. 온몸에 암이 전이되어 어디를 파도 '부정·부패'가 도사리고 있습니다. 이렇게 큰 병에 걸리기까지 우리는 무엇을 했을까요? 우리가 온갖 '비양심'을 방관하며 살아온 것이 이런 참담한 결과를 낳게 한 것입니다.

　하지만 희망이 있습니다. 큰 병에 걸렸다는 사실을 자명하게 알게 되었으니까요. 몸에 대해 걱정만 하다가 건강검진을 받고 병명이 정확히 나오면, 어떤 면에서는 자명해진 것 아닙니까? 이제 치료만 정성껏 하면 됩니다.

그런데 요즘 대한민국의 중병을 고치겠다고 공언하는 여러 정치인들의 주장을 들어 보면, 대개가 '대증요법對症療法'에 치우쳐 있습니다. 즉, 즉각적으로 그 병세만 완화시키겠다는 것에 주안점을 두고 있는 것 같습니다. 그런데 환자가 면역력이 떨어지고 오장육부가 제 기능을 못하면, 병을 고치다가 환자가 먼저 쓰러지고 맙니다.

그래서 '홍익당'에서는 정책을 내놓을 때도 이런 점에 주의하고자 합니다. 중병에 걸린 대한민국을 다시 건강하게 만들려면, 먼저 '면역력'부터 끌어올려야 합니다. 무엇이 한 나라의 면역력일까요? 그것은 다름 아닌 '양심문화'입니다. 한 나라의 '양심'이 그 나라의 각종 사회적 질병에 대한 면역력입니다. 우리나라의 면역력이 형편없었기에, 각종 병균에 너무나 쉽게 무너진 것입니다.

그래서 지난 13년간 저는 '홍익학당'을 통해 '국민적 양심각성운동'을 전개해 왔던 것입니다. 그리고 이를 위해 최근 5년간은 유튜브를 통해 무상으로 양심에 대한 정보를 뿌렸습니다. 돈을 떠나서 누구나 자신의 '양심의 소리'에 귀를 기울이도록 돕기 위해서였습니다. 왜냐하면, 이것이 대한민국이 건강해질 수 있는 가장 근본적인 처방이라고 믿었기 때문입니다.

'양심문화'의 보급으로 대한민국의 면역력이 증진되면, 다음으로 필요한 일은 '오장육부'의 정상화입니다. 간이 무너지고 신장이 무너지면 대증요법이 제대로 효과를 발휘하기 힘들죠. 그렇다면 무엇이 우리나라의 오장육부일까요? 바로 '공직자'입니다. 공적인 업무를 담당하는 공직자들이 양심문화에 기반을 두고 진정으로 국민을 위해 복무할 수 있다면, 이 나라는 다시 살 수 있습니다.

그래서 홍익당은 무엇보다 공직자들이 진정한 주권자의 대리인 역할을 할 수 있도록, '양심지킴이'로 거듭나게 해야 함을 강조하고 있습니다. 공직자 채용 시 '양심평가지표'를 도입해야 하며, '양심계발 교육'을 공직자들의 필수 교육으로 도입해야 합니다. 그리고 공직자 평가 시 양심평가지표를 반영하여 비리, 비윤리에 대해 엄벌해야 합니다. 이렇게 공직자가 제 기능을 하게 되면, 몸의 잔병들은 모두 자연히 치유될 것이며, 각종 분야별 대증요법들도 제대로 효과를 발휘하게 될 것입니다.

유튜브(YouTube) | 홍익당, 사회문제의 '근본처방'을 모색하다!

양심혁명의 실천지침

작금의 현실은 우리 국민의 '양심'을 각성시켜, 현실에 안주하지 않고 '양심개벽'의 새 세상으로 나아가도록 인도하고 있습니다. 이 '양심혁명'의 열기가 사그라지기 전에 이를 온전히 구현하여 이 땅에 '양심국가'를 건립합시다! 우리 손으로 양심혁명을 완수합시다! 지금이야말로 최고의 적기입니다.

이 양심혁명의 열기를 올바른 방향으로 인도하여 이 땅에 양심국가를 건립하기 위해서는, 무엇보다 국민 한 명 한 명의 양심각성이 필요합니다. 양심혁명의 주체는 바로 우리 자신입니다. 우리는 우리 자신을 양심으로 인도함으로써 사회 전체의 변혁을 일으킬 것입니다. 우리 자신이 혁명의 주체라는 자각이 이 혁명의 필수조건입니다.

작금의 사태에서 알 수 있듯이 우리는 '양심' 안에서만 하나가 될 수 있습니다. 서로 '욕심'만 추구할 때 우리는 다시 분열될 것이며, 우리의 분열만 노리고 있는 욕심꾼들에게 짓밟히게 될 것입니다.

또한 자신을 양심으로 무장하지 않고서는 남을 양심으로 인도할 수 없습니다. 자신이 지키지 않는 것으로 남을 바로잡을 수는 없는 법입니다. 국민 개개인이 양심으로 타오르지 않는 한 양심국가의 건립은 요원해질 것이며, 양심에 의해 인도되지 않는 혁명은 사리사욕만 추구하는 욕심꾼들의 뱃속만 채우게 될 것입니다.

우리는 모든 삶의 현장에서 양심의 명령에 최선을 다해 응해야 합니다. 나라를 바로잡기 위한 모든 노력의 바탕에 양심이 깔려 있어야 합니다. 양심에 자명한 일이라면 아무리 작은 일이라도 자신의 사명으로 알고 반드시 실천해야 합니다. 그것이 혁명의 밑거름이 될 것입니다.

이를 위해 다음과 같은 양심적 삶의 지침을 제안합니다. 아래의 실천 지침으로 무장된 '양심지킴이'들이 우리 사회에 넘쳐날 때, 이 땅은 양심국가로 거듭나게 될 것입니다.

1. 편견과 욕심에 빠지지 말고 양심의 명령에 깨어있자! (양심각성)
2. 자신이 받고 싶은 것을 남에게 베풀자! (사랑)
3. 자신이 당하기 싫은 것을 남에게 가하지 말자! (정의)
4. 진실을 수용하고 매사에 겸손하자! (예절)
5. 어떤 난관이 있더라도 양심의 구현에 최선을 다하자! (성실)
6. 근거가 있는 자명한 것만 진실로 인가하자! (지혜)

이것이 '민주시민'의 당연한 의무이며 이 땅에 진정한 '민주국가'를 건립하는 첩경입니다. 국민 한 명 한 명이 양심의 명령을 자신의 사명으로 알고 각자의 자리에서 최선을 다해 따를 때, 욕심꾼들이 멋대로 국민을 착취하는 일은 사라질 것이며, 온 국민이 주인 대접을 받는 양심국가가 건립될 것입니다.

소인배가 아닌
양심적인 리더를
선택하라

우리는 정치인을 고를 때 '양심'보다 '능력'을 중시합니다. 하지만 이런 선택이 늘 그릇된 결과를 낳는 것은 왜일까요? 사실 능력이 부족한 정치인들은 거의 없습니다. 모두가 화려한 스펙을 자랑하는 분들입니다. 그런데 이 나라의 정치는 왜 이토록 혼돈에 빠져 있고, 국민들은 왜 이토록 괴로워해야 하는 것일까요? 이제는 바뀌어야 합니다.

한 개인의 능력을 1에서 100까지의 지표로 표현한다면, 양심은 그 숫자의 +와 -를 결정합니다. 양심이 -인데 능력이 출중하다면, 국민은 그 사람으로 인해 엄청난 고생을 해야 합니다. 반대로 능력이 부족하더라도 양심이 있는 사람은, 자신의 능력을 모두 국민을 위해 긍정적으로 사용할 것입니다.

이런 간단한 공식을 외면한 결과가 작금의 현실입니다. -100보다 +20이 국민에게 유리함에도 불구하고, 능력의 화려함에 취하여 인간성의 검증을 소홀히 한 결과, 우리는 항상 같은 실수를 반복하고, 늘 우리의 결정에 후회하게 되는 것입니다.

이제는 바꿔 봅시다! 리더를 고를 때 능력보다 양심을 중시하는 선택을 해야 합니다. 스펙이 좋은 사람보다 양심적인 사람을 뽑아야 합니다.

제가 말씀드린 '양심적인 사람'은 단순히 착한 사람을 의미하지 않습니다. "내가 당하기 싫은 것을 남에게 가하지 말고, 내가 원하는 것을 남에게 베풀자!"라는 양심의 명령을 일상에서 충실히 따르는 사람을 말합니다. 이런 사람을 리더로 뽑아야 합니다. 이것이 지금의 위기로부터 우리나라를 구하는 길이고, 우리가 우리의 후손들에게 떳떳할 수 있는 길입니다.

지금 우리가 들고 있는 '촛불'은 이 땅의 어둠을 밝히는 '양심의 촛불'이 되어야 합니다. 오직 양심이 답입니다! 이 간명한 진리를 깨닫기 위해 우리는 너무 먼 길을 돌아왔습니다. 양심의 촛불을 높이 들어 우리 자신을 양심으로 빛나게 하고, 나아가 이 사회 전체를 양심으로 빛나게 합시다.

양심적인 리더인 세종대왕께서 '광화문'에 품으신, "양심의 빛으로 백성을 밝게 교화하자!"라는 '광화光化'의 참된 뜻을 이제는 이 땅에 구현해 봅시다!

소인배의 천적, 군자

제가 강의를 계속해서 인터넷에 올리는 이유는, 욕심꾼들이 우글대는 이 현실 속에서 '양심지킴이'들께서 힘내시라고 응원하려는 것입니다. 양심지킴이들이 "이 사회, 정말 더러워서 못 살겠다!" 하고 사회에서 밀려나면 안 됩니다. 그러면 우리 사회에서는 더 큰 해악이 일어나기 때문입니다. 힘드시더라도 "나라도 이 자리를 지켜야지." 하고 버티셔야 합니다.

오직 자신의 욕심의 성취에만 매몰된 소시오패스들이 지금 우리의 사회를 이끌어 가고 있습니다. 유능하다고 인정을 받으면서 말입니다. 무서운 일이죠? 소시오패스는 소인배 중의 소인배입니다. 일반 소인배도 차마 하지 못할 짓을 소시오패스는 해 버립니다.

왜일까요? 욕심으로 '공감능력'이 마비되었기 때문입니다. 양심을 구현하는 지능인 '영성지능'의 핵심 지표가 바로 공감능력입니다. 영성지능이 높은 사람은 남의 처지에 대해 공감을 잘하고, 남을 자신처럼 배려합니다.

남의 처지를 잘 이해하고 배려하는 사람, 공감능력이 탁월한 사람이 바로 '양심지킴이'입니다. 반대로 공감능력이 가장 떨어지는 사람이 소시오패스입니다. 칼로 남을 찌르더라도, 나에게만 이득이 되면 하는 사람들입니다. 남이 죽건 말건 관심이 없지요. 이런 사람들이 우리 사회를 리드하고 있으니 정말 걱정스럽습니다.

그런데 그런 '소시오패스'를 이기는 것은 바로 '양심지킴이'입니다. 군자를 가장 괴롭힐 사람도 소시오패스이지만, 반대로 소시오패스를 잡는 것도 군자입니다. 소시오패스와 군자는 서로 천적 관계라고 볼 수 있지요. 그러니 사회 곳곳에서 군자인 양심지킴이가 버텨 주어야, 그 주변의 소시오패스들을 제압할 수 있습니다.

일반인들은 그들이 왜 소시오패스인지를 잘 알아채지 못합니다. 회사에서도 소시오패스가 주변의 인재들을 다 몰아내는데도 그런 사람들의 무서움을 잘 모릅니다. 그러다가 자신에게 직접적인 피해가 와야 실감하게 되지요.

하지만 군자들, 양심지킴이들에게는 통하지 않아요. 소시오패스가 아무리 좋은 명분으로 위장을 해도, 군자의 눈에는 그런 꼼수가 그대로 보이기 때문입니다. 그런데 그것이 일반인의 눈에는 잘 보이지 않습니다. 소시오패스가 자기의 욕심을 충족시켜 줄 것처럼 사기를 잘 치거든요. 그러면 조금이라도 욕심이 있는 사람들은 금방 끌려갑니다.

하지만 군자는 누군가의 행동이 꼼수로 하는 짓인지, 진심으로 하는 짓인지를 있는 그대로 볼 수 있습니다. 아주 단박에는 알 수 없을지라도, 조금만 말을 섞어 보고 행동을 같이 해 보면 알게 됩니다.

이런 사람들이 사회 곳곳에 나가 버텨 주지 않으면, 소시오패스들이 어마어마하게 창궐하겠죠? 그러니 무엇이 문제인지, 어떻게 해결해야 되는지를 아는 사람들이 사회에 진출해 주셔야 하는 것입니다. 본인뿐만 아니라 사회 전체를 위해서라도, 양심지킴이들이 사회를 리드해 주어야 합니다. 양심지킴이야말로 이 나라의 '면역력'이니까요.

지금 우리 사회가 힘든 것은, 양심을 챙기는 분들이 세가 밀리자 "더러워서 소시오패스들과는 함께 못 있겠다." 하고 뒤로 빠져 버렸기 때문입니다. 양심지킴이들이 자꾸 뒤로 빠져 버리면, 그 자리는 진짜 소시오패스가 우글대는 똥밭이 되는 겁니다. 그래서 저는 그런 양심을 챙기는 분들에게 날개를 달아 드리고 싶어서, 이런 강의를 하고, 올바른 '양심성찰법'을 보급하고 있는 것입니다.

유튜브(YouTube) | 군자와 정치

양심세력이여 결집하라

 소시오패스들을 제압하여 이 땅에 평화를 가져오려면, 우리 모두가 자신의 '양심'에서 답을 찾아야 합니다. 욕심 전문가인 소시오패스를 '욕심'으로 제압하려고 하면 힘이 부족합니다. 상대는 욕심이 큰 사람이고, 나는 욕심이 작은 사람이라면 내가 지는 것이 당연하지요. 나도 욕심이 비슷하게 커야 싸움이 되는데, 욕심이 커지면 소시오패스가 되겠죠? 그러니 '대아적인 욕심', 즉 '양심에 기반을 둔 욕심'을 쓸 수 있는 사람이어야 합니다.

 보살도에서는 이런 대아적 욕심을 '원願'이라고 말합니다. 소시오패스들이 '욕欲'(소아적 욕심)을 추구하는 만큼, 양심지킴이들은 '원願'(대아적 욕심)을 추구해야 합니다. 큰 원을 세우고서 소인배들과 경쟁할 수 있는 힘을 갖춘 사람들이 이 땅에 우글거려야 합니다. 사회에서 소시오패스들을 만나면 곧장 알아보고 바로바로 쳐낼 수 있는 안목과 힘이 있어야 합니다. 이런 안목과 힘은 양심에서 나오지, 욕심에서는 나오지 않습니다.

양심을 지키지 않는 사람은 소시오패스와 같은 소인배 근처에 가면 바로 말리게 됩니다. "너한테도 이득 좀 떼어 줄 테니까 가만있어." 하면 "그러게, 내가 왜 괜히 설쳐서 손해를 봐?" 하고 위축됩니다. 양심대로 움직이는 게 아니기 때문에 금방 당합니다. 소시오패스의 밥이 되는 것이지요. 그런데 진짜 양심대로만 사는 사람들에게는 그런 감언이설이 전혀 통하지 않습니다.

소시오패스를 제압하고 싶다면, 자신이 진짜 양심적인지를 확인해 보아야 합니다. 진실로 '양심'에 뿌리를 박고 움직일 수 있어야 하는 것입니다. 또 양심을 지키는 이들이 소시오패스들보다 세력이 커야 합니다. 결국에는 '세력의 싸움'이고 '숫자의 싸움'입니다. 그래서 맹자께서 "물(양심지킴이)이 불(소시오패스)을 끄는 것이 도리이나, 한 잔의 물(세력이 약한 양심지킴이)로 저

산의 큰 불(세력이 큰 소시오패스)을 끌 수는 없다."라고 하신 것입니다.

우리나라 국민의 과반수가 양심을 존중하고 따를 때 비로소 우리 사회가 자유로워질 것입니다. 아무리 군자들 각자가 힘을 갖고 있어도, 소시오패스의 수가 더 많고 군자가 적으면 힘에서 밀리지 않겠습니까? 그러니까 수적으로도 우위를 확보하면 일이 확실해지겠죠?

그래서 양심을 지키는 분들이 많아져야 합니다. 스스로 자신의 '양심의 소리'를 잘 듣고 따르는 공부를 하다 보면, 양심을 어기는 사람을 보면 바로 알아볼 수 있습니다. 맹자께서는 이런 말을 했어요. "뒤태만 봐도 양심을 알 수 있다." 사람의 뒷모습만 잘 봐도 그 사람을 어느 정도 알 수 있어요. 여러분도 자동차를 운전하고 다니다 보면 앞차의 뒷모습만 봐도 뭔가를 알 수 있지 않은가요? "저 차 좀 이상하다." 하고 말입니다. 그럴 때에는 방어운전을 하셔야죠?

군자들이 그렇게 움직입니다. 몸가짐이 이상한 소시오패스들을 대하면 바로 알아보고, 방어운전에 들어갑니다. "조심해야겠다." "저런 사람 옆에 있다가는 험한 일을 당한다." 양심 없는 사람들 옆에 있으면, 피해를 입게 되어 있거든요. 그래서 최소한 방어라도 할 수 있어야 하고, 더 나아가 공격까지 할 수 있어야 합니다. 욕심꾼들, 소시오패스들을 바로잡을 수 있어야 하는 것입니다.

그런데 욕심꾼을 바로잡는 것은 '양심'에서 나오는 힘으로만 가능합니다. 양심을 믿지 않고 '욕심'으로 해결하려고 하면, 소시오패스와 공명이 일어나서 함께 굴러가게 되고, 상대가 좋은 조건을 제시하면 금세 매몰됩니다. "그 사람 알고 보니 진국이더라." 하고 넘어가는 것이지요. 일반인들은 보통 욕심으로 문제를 풀려고 하다가 소시오패스의 밥이 되고 말아요.

어떻게 당했을까요? 소시오패스는 '욕심의 달인'이기 때문에 남의 욕심을 부추기는 것도 정말 잘합니다. 멀쩡한 사람이 소시오패스와 어울려 놀다가 물이 들어서 패가망신하는 경우가 한둘이 아닙니다. 참으로 안타까운 일이죠.

그런데 '양심지킴이'는 넘어가지 않아요. 소시오패스가 나에게 아무리 좋은 조건을 제시해도, 그 사람의 언행이나 표정, 눈짓에서 '양심'이 보이지 않으면 피합니다. 어떤 감언이설을 들어도 양심의 경고음 때문에 흔들리지 않습니다. 그러니까 우리 각자의 '양심 공부'가 무엇보다 절실합니다.

먼저 자신의 '양심'부터 찾아서, 나부터 방어운전을 하는 연습을 해야 합니다. 그리고 여력이 되면 주변을 바로잡는 데까지 나아가야 합니다. '양심세력'이 네트워크를 형성하며 힘을 키워서 '욕심세력'보다 더 커지게 되면, 사회 전체의 문화가 바뀔 것이라고 저는 확신합니다.

지금 우리 사회의 요직에 소인배들이 자리를 잡고 있습니다. 그 욕심세력의 힘이 너무 커서 군자들은 힘을 펼치지 못하고 있지요. 소인배들은 군자들을 끔찍이 싫어하기 때문에 자기 아랫사람들도 소인배들로 채웁니다. 그러니까 리더가 소인배가 되면, 그 아래도 소인배들이 우글거리게 되는 것이죠. 소인배는 소인배를 좋아하니, 결국 전체가 개판이 됩니다.

반대로 군자가 위로 올라가면 어떻게 될까요? 군자는 군자가 아니면 노선이 너무 달라서 함께 일을 하지 못합니다. 소시오패스와 마찬가지로, 군자도 군자를 금방 알아보고 등용합니다.

그러니 군자가 위로 올라가면 사회를 바꾸는 일은 아주 쉽습니다. 문제는 "그 리더가 정말로 군자인가?" 하는 것뿐이죠. 리더가 '군자 코스프레'를 하는 사람이라면 큰일입니다. 그들은 진짜 군자가 아니라서, 다른 군자를 알아보지 못하고, 결국 자신과 노선이 맞는 소인배들을 등용할 것이기 때문입니다.

조선시대에 중종中宗이 군자인 조광조趙光祖 선생을 등용하면서 이렇게 말했습니다. "나는 사회를 참으로 아름답게 만들고 싶다. 그런데 내 신하 중에 누가 군자이고 누가 소인인지를 모르겠다." 그러자 조광조 선생이 "양심을 닦으십시오. 양심을 닦으면 군자가 보일 것이고, 한 명이라도 군자를 등용하면 그 사람이 또 다른 군자를 알아볼 것입니다. 그러면 이 사회에 군자가 넘치게 됩니다." 하고 말했습니다.

진짜 군자가 한 명만 있어도, 군자 세상이 되는 것은 일도 아닙니다. 그 군자가 진짜 군자라면, 군자가 널리 퍼지게 되어 있어요. "왜 그렇게 살아? 이렇게 살면 훨씬 편한데." 하는 모습을 군자가 보여 주기 때문입니다. 양심대로 살면 정말로 편하거든요.

욕심과 꼼수로 살려고 하니까 소시오패스가 부러운 겁니다. '욕심'의 관점에서 보면, 소시오패스들이 욕심을 가장 잘 성취하지요. "왜 난 저렇게 하지 못할까?" 벌써 이런 식으로 꿀리고 들어갑니다. 하지만 '양심'의 관점에서 보면, 소시오패스들은 카드 돌려막기를 하며 빚잔치 하는 사람들로 보여요. "저 빚을 다 갚아야 할 텐데…." "저러다 한 방에 훅 가지." 하고 걱정할 뿐입니다.

실제로 사회에서 그런 사람들이 한 순간에 무너집니다. 문제는 한 사람이 무너져도 그 뒤에 대기자들이 넘친다는 것입니다. 그러니 이 사회의 타락이 끝이 없는 것입니다. 소시오패스들이 너무 많아요. 이런 상황을 바로잡으려면 양심지킴이들 역시 끝없이 배출되어야 합니다. 우리 한 명 한 명이 비상한 각오를 세우고, 소시오패스들과 싸워야 합니다. 양심세력이 욕심세력을 제압하는 그날까지 최선을 다해야 합니다.

유튜브(YouTube) | 군자와 정치

능력보다 양심이 우선이다

정치인에게는 '양심'만 있으면 됩니다. 정치인의 최고 덕목은 양심입니다. 머리 좋은 사람은 소수만 있어도 돼요. 대부분은 그냥 양심적이면 됩니다. 공무원도 마찬가지입니다. 머리 좋은 사람이 필요한 자리에 몇 명 가 계시면 되고, 대부분은 양심적이기만 하면 돼요. 국민들이 이것을 알아야 합니다. 양심적이면 됩니다. 자꾸 쓸데없는 학력이나 배경을 따지니까 여러분이 현혹되시는 겁니다.

특히 국민의 돈, 나랏돈을 쓰는 공무원, 정치인은 양심적인 게 제일 좋습니다. 양심적인 사람을 뽑아 놓으면 그 사람이 여러분이 낸 세금을 양심적으로 사용할 테니까요. 안 그러면, 국민의 돈은 뽑아 먹기가 좋은 눈먼 돈이 되고 맙니다. 여러분이 낸 세금이 어디서 어떻게 쓰이는지 아무도 모르잖아요.

실제로는 정부 재정이 정말 방만하게 운영되는 경우가 너무나 많습니다. 단지 예산을 써 버려야 다음 예산을 많이 받을 수 있다는 이유로, 쓸데없는 데에 돈이 마구 낭비되고 있어요. 국민들이 그 사실을 알면 기겁할 겁니다. 내 돈이 나가서 그런 데에 쓰인다는 것을 눈으로 보면 분노할 것입니다.

일반 기업에서는 회장님이나 사장님이 눈을 부릅뜨고 지켜보고 있지요. "누가 내 돈을 함부로 쓰나." 하고 말입니다. 그런데 국민은 생업 때문에라도 그렇게 지켜볼 수가 없어요. 그러면 어떻게 하면 될까요? 주인이 못 보는데도 열심히 일할 사람, 그리고 진짜 주인을 생각하면서 "국민이라는 주인이 더 행복해지기 위해서는 내가 무엇을 해야 하나?" 하고 진지하게 고민할 사람을 뽑으면 됩니다. 그런데 우리는 이런 사람을 뽑지 않고 있습니다.

국민들 입장에서도 늘 뽑을 사람이 없다고 말하는데요, 그러면 지금부터라도 '양심적인 인재'를 길러내야 합니다. 지금 이 시대가 엉망이더라도 미래를 위해 투자해야 합니다.

양심경영 전문가라야 국민의 눈과 귀를 활용한다

자기가 아는 정보를 양심적으로 처리하는 데 있어서 달인이라면, 천하 국민이 갖고 있는 정보도 내가 가진 정보처럼 잘 다룰 수 있을 것입니다. 그런 사람은 정보가 많아질수록 더 자명한 결론을 내리겠지요. 그래서 '양심적 리더'는 남에게 물어보는 것을 좋아합니다. 이런 게 미덕인 이유가, 정보를 하나라도 더 얻으면 내 정보가 확장되고, 그러면 더 양심적으로 자명한 답을 얻을 수 있기 때문입니다.

이런 일에 능숙한 전문가가 정치를 해야 합니다. 자신에게 있는 저울을 가지고 정밀하게 잘 재어서, 자명한 건 "자명하다."

찜찜한 건 "찜찜하다." 해 가면서 가장 자명한 방안을 취해서 그것을 국민들에게 적용하면 되는 것입니다. 그 저울이 바로 '양심의 저울'입니다.

이런 양심적인 리더가 있다면 무섭겠죠? 이런 존재가 동양에서 말하는 '성인聖人군주'입니다. 자기 혼자 양심을 잘하기만 하는 게 아니라, 온 국민이 양심을 따르게 만들어야 동양에서는 성인군주로 인정을 받습니다. 그러려면 남의 아이디어라도 양심적인 것이면 반드시 취하고, 그것을 현실화시킴으로써 다른 사람들도 양심을 할 수 있게 도와주어야 합니다.

그래서 율곡栗谷 선생께서는 『성학집요聖學輯要』에서 "천하의 지혜를 가지고 천하의 문제를 푼다."라고 하셨습니다. 성인군주는 양심경영 전문가일 뿐이지 모든 것을 알고 있지는 않습니다. 그러면 국민의 눈과 귀를 자신의 눈과 귀처럼 활용해서 문제를 풀어가야 옳지요. 국민들의 얘기를 늘 들어가면서 그중 가장 자명한 것만 취하여 국민에게 베풀면 되는 것입니다

이것이 우리에게 '양심경영 전문가'가 필요한 이유입니다. 양심경영 전문가는 정치 전문가든, 경제 전문가든, 법률 전문가

든, 도움을 받을 수 있는 모든 사람들의 정보를 활용해서 문제를 풀어가지, 그 사람들에게 휘둘리지 않습니다. 그 전문가들이 제공하는 양심적이지 않은 정보는 바로 골라낸다는 것입니다. 국민의 입장·양심의 입장에서 자명하지 않은 일은 실현되지 않도록 막아 버리고, 자명한 정보만 취해서 쓸 것입니다.

생각건대, 천하의 눈을 자신의 눈으로 삼는다면 보지 못할 게 없고, 하지 못할 일이 없습니다. 대통령이 직접 보지 않더라도, 저 말단 공무원이, 또는 국민 중 한 사람이 어느 곳에서 무언가를 보면, 그게 곧 대통령이 직접 본 것과 같다는 것입니다. 대통령이 그 정보를 활용할 줄 안다면 말입니다.

그런데 이번 세월호 사건이 벌어졌을 때 우리 정부는 계속 헤매기만 했죠. 구조가 전혀 진행되고 있지도 않은 긴박한 상황인데, 윗사람들은 대통령에게 보고할 사진과 영상을 찍어 보내라고 계속 요구했습니다. 이게 일처리를 제대로 하지 못하는 모습인 거죠. 정말로 훌륭한 리더였다면, 그 현장에 있는 사람들이 자기 몸처럼 움직일 수 있도록 도와줬을 것입니다. 그래서 현장에 있는 손발도 내 손발처럼 쓰고, 현장에 있는 눈도 내 눈처럼 활용했을 것입니다.

그런데 양심경영 전문가가 아니면 그렇게 할 수 없습니다. 양심경영 전문가가 아닌 사람은 자기 것을 챙기기 때문에 그렇습니다. 나에게 유리한 것, 나를 빛내 줄 것을 찾다가 현장에서는 사람이 죽어 나가는 것이지요.

유튜브(YouTube) | 율곡에게 배우는 국가경영의 지혜

리더의 용인술 用人術

동양의 고전인 『홍범구주洪範九疇』에는 용인술의 실전팁까지 전해지고 있는데, 그 내용을 한번 살펴보겠습니다.

대저 여러 백성 중에 ① 꾀하는 것이 있고 ② 하는 것이 있고 ③ 지키는 것이 있는 자들은 그대가 잊지 말고 기억하고, '양심의 극치'에 화합하지 않더라도 허물에 걸리는 정도가 아니거든, 임금이 수용하고 안색을 편안하게 하고 "내가 좋아하는 것이 덕德(양심의 실천)이다."라고 말해야 합니다. 그러면서 그대가 복록을 하사하면, 이 사람이 이에 그 임금을 지극하게 할 것입니다.
凡厥庶民 有猷有爲有守 汝則念之 不協于極 不罹于咎 皇

則受之 而康而色曰 予攸好德 汝則錫之福 時人斯其惟皇之極
(『서경書經』「홍범洪範」)

『홍범구주』에서는 ① 뭔가 자기 나름대로 도모해서 꾀하려 하고, ② 실제로 뭔가를 꾸준히 하고 있고, ③ 또 나름의 원칙을 지키고 있는 사람, 즉 뭔가 양심을 조금씩 실천하고 있는 사람을 인재로 봅니다. 뭔가 뜻을 품고 이 사회에서 '부가가치'를 창조하는 사람들이니까요.

그래서 그런 인재들을 잊지 말고 한 명이라도 기억해 두라고 하고 있습니다. 이것은 그 사람이 구현하고 있는 양심의 어떤 부분이 분명히 있는데, 그것까지 모두 취해서 활용해야 하기 때문입니다. 결국 '최고의 양심적 경영자'(동양에서는 이런 존재를 황극皇極이라고 함)가 되려면 나만 잘나서는 안 된다는 이야기를 하고 있는 것입니다.

자기 혼자서만 '양심의 달인'이어서는 안 됩니다. 리더는 상대방의 양심까지 끌어다 쓸 수 있는 능력이 있어야 합니다. 그래야 사방을 경영할 수가 있습니다. 다른 사람의 마음 안에 존재하는 '욕심'과 '양심'의 비중을 정확히 읽어내면서, 양심을 북

돈아서 좋은 일을 할 수 있도록 만들 수 있어야 진정한 경영자인 것입니다. 자기 혼자만 잘하면 그저 독불장군일 뿐이죠.

경영자는 다른 사람까지도 탁월해지도록, 능력을 최대한 발휘할 수 있도록 도울 수 있어야 합니다. 그러려면 인재를 정확히 알아보고, 적재적소에 배치할 수 있어야 하겠죠. 다른 사람이 무엇을 꾀하고 있는지, 무엇을 하고 있는지, 무엇을 지키고 있는지를 살펴서 기억해 두었다가 필요할 때 쓸 수 있어야 합니다.

또 "양심의 극치에 화합하지는 않더라도 허물에 걸리는 정도가 아니거든 임금이 수용하고, 안색을 편안하게 하고, '내가 좋아하는 것이 덕이다.'라고 말해 주어라."라고 했습니다. '양심의 극치'에서 보았을 때에는 뭔가 좀 아쉬운 부분이 있더라도, 찜찜함이 자명함을 넘어서는 정도만 아니면 받아 주라는 것입니다. 그 사람이 양심을 하겠다는 큰 흐름에서 아주 어긋난 게 아니라면 좋은 얼굴로 잘 대해 주라는 것이죠.

그리고 '덕德'은 '양심(直心, 悳)의 실천(行)'이니, "나는 양심의 실천을 좋아한다." 하고 말해 주어서 그 사람들이 더 양심적으로 일을 할 수 있도록 힘을 실어 주라고 했습니다. 그러면서 "임금이 봉록을 하사하면 그 사람이 임금을 지극하게 할 것이다."라고 말하고 있습니다. 이는 그 사람들을 통해 구현되는 작은 양심들이, 결국은 '최고의 양심적 리더십'을 구현하는 데에 도움을 준다는 의미입니다. 이것은 리더라면 반드시 알아야 할 굉장한 실전팁입니다.

따라서 리더의 마음에 들지 않는다고 해서 그냥 외면하지 말고, 그 사람들이 실제로 무엇을 하고 있는지를 정확히 읽어 낸 다음에 '양심'에 크게 어긋나지 않게만 하고 있다면, 즉 리더의 입장에서 볼 때에 '양심의 극치'에는 맞지 않더라도, 그 사람이 자기대로 뭔가 '인의예지仁義禮智'를 구현하려고 노력하고 있다면 취해서 쓰라는 것입니다.

그리고 "내가 좋아하는 것이 덕이다."라고 말해 줌으로써, 리더가 '양심'을 지향하고 있다는 사실을 분명히 알려 주라는 것입니다. 그렇게 함으로써 같이 갈 수 있게 만드는 것이죠. 세종 시대의 황희黃喜 정승도 본래 문제가 있던 분이었는데, 세종을 만난 이후로는 늘 행실을 조심하고, 자기 안에 있는 양심을 더 드러내려 하고, 자신의 재능을 활용함으로써 나라에 큰 도움을 주셨죠.

아마도 세종대왕 역시 황희 정승에게 그와 같이 했을 겁니다. "내가 좋아하는 게 '덕'이다." 하고 실제로 말을 했는지는 모르지만, 황희 정승이 어떤 식으로든 그 사실을 분명히 알 수 있게 했을 것입니다.

결국 경영자가 잘해야 합니다. 이런 양심적인 경영자를 만나지 못하면, 아무리 양심을 지켜도 위에서 알아주지 않으니 보통은 마음이 풀어지게 됩니다. 그러다 보면 양심을 어기면서 막살게 되고, 나라도 내 것을 챙겨야겠다는 생각을 하게 됩니다. 리더를 신뢰하지 못하다 보니 위기감을 갖게 되어서 그렇습니다. "내 자식, 내 가정 누가 지키나? 내가 챙기자!" 하고 말입니다.

그런데 리더가 신뢰를 주면서 "나는 '양심'을 잘하는 사람을 최고로 여긴다." 하면, 아랫사람들은 이왕이면 양심을 더 신경 쓰려고 하겠죠? 그래야 리더가 자기를 알아봐 주니까요. 그러니 그런 관계를 만들라는 것이죠.

저는 이런 부분도 홍익학당을 경영할 때에 모두 활용하고 있습니다. 제가 "저는 늘 양심만 알아봅니다." "양심만 인정합니다." 하고 계속해서 말을 하는 것은, 누구든 괜히 꼼수를 부리는 데에 엄한 시간을 쓰지 마시라는 의미입니다. 홍익학당에서는 뭔가 잘못을 했을 때 "꼼수를 부려서 잘 넘기겠다." 하는 생각을 할 필요가 없다는 것이죠. "인의예지에 근거해 볼 때 내가 이런 것을 잘못한 것 같고, 앞으로 잘 하겠습니다." 하면 끝납니다. 그 모습에서 오히려 저는 양심을 보죠. 그리고 양심이 살아있으니 됐다고 생각합니다.

그런데 우리 사회에서는 꼼수를 부려서라도 문제를 감추고, 다른 사람에게 책임을 떠넘기는 식으로라도 살아남는 것을 더 중시하죠? 그런 행동을 위에서 자꾸 용인한다는 것은, 윗사람이 "나는 양심을 좋아하지 않는다." 하고 선언한 것과 같습니다. 꼼수를 부리는 사람을 더 인정해 준 것이니까요. 꼼수 부리는 사람을 덜 인정해 주고, 양심대로 한 사람을 더 인정해 주는 리더가 많다면, 그 사회의 '문화'는 완전히 달라질 겁니다.

'양심'은 무능하지 않습니다. 엄청나게 유능한 것입니다. '욕심'은 자기에게만 유능하고, 남에게는 큰 피해를 줍니다. 반면 양심은 모두에게 유능한 것입니다. 우리가 양심에 대해 잘 몰라서 오해하다 보니 양심이 무능한 것처럼 생각하는데, 과거에는 양심이 국가 통치철학의 기본이었습니다.

요컨대 "양심 좀 잘한다." 하는 사람이 리더가 되어야 하고, 리더가 사람들을 뽑아서 일을 시킬 때에도 양심에 크게 어긋나지 않는 사람들을 써야 합니다. 또 리더가 "나는 양심을 최고로 여긴다." 하고 자기의 생각을 아랫사람과 늘 공유해야 합니다.

외롭고 홀로된 사람을 학대하지 말고, 고명高明한 사람을 두려워하지 말아야 합니다. 사람 중에 '재능'이 있고 하는 것이 있는 사람들을 등용하여 행동할 수 있도록 해 주면 나라가 창성해질 것입니다.

無虐煢獨 而畏高明 人之有能有爲 使羞其行 而邦其昌

(『서경』「홍범」)

외롭고 홀로 된 사람이란 과부·홀아비·고아 등 백성들 중에서 가장 어려운 처지의 사람들을 말합니다. 벼슬아치에 비해 백성이 더 낮은데, 백성들 중에도 가장 불행한 사람들이 그들이죠. 그러니 그런 사람들을 괴롭히지 말고 잘해 주라는 의미입니다

다. 그리고 '고명한 사람'은 권세 있는 사람들인데, 리더라면 그런 사람들을 두려워해선 안 된다는 것입니다.

그리고 "사람 중에 '재능'이 있고, 뭔가 하는 것이 있는 사람들을 등용해서 행동할 수 있게 해 주면 나라가 창성해질 것이다."라고 했습니다. 뭔가 재능이 있고, 즉 재주나 기술이 있고, 실제로 하는 게 있어야 인재입니다. 여기에서 '하는 게 있다'라는 말이 아주 중요합니다.

요즘에는 고민만 하고 아무것도 하지 않는 사람들이 많습니다. 시장에서 돈을 주지 않고, 월급을 주지 않는다고 하더라도, 사람이 살아간다는 것은 뭔가를 한다는 것입니다. 즉, 시장이 나를 인정하든 안 하든 간에, 늘 뭔가를 하고 있어야 합니다. 나이가 스무 살이라면 이십 년 동안 살면서 "이게 옳다." 하고 뭔가 배운 게 있을 것 아닙니까? 그것을 가지고 남에게 쓸모 있는 뭔가를 창조하고 있어야 하는 것이죠.

저는 이런 자세가 아주 중요하다고 생각합니다. 우리 사회에서도 뭔가를 하고 있는 사람들을 등용하라고 하고 인정하라고 하지, 아무것도 하고 있지 않은 사람에 대해선 누구도 말이 없죠? 그런데 보통은 아무것도 하지 않으면서 "나는 뭘 해야 하는지 모르겠다." 하고 고민만 하는 경우가 많습니다. 그러면서 "이 정도 월급을 주지 않으면 나는 그 일 안 하겠다." 하는 생각은 오히려 시장에 종속된 마인드입니다.

시장에서 일정 수준의 돈을 나에게 치르지 않으면 나는 움직이지 않겠다는 식으로 생각하고 살아간다면, 그 삶은 주체적이지 못한 삶이에요. 주체적인 삶이라면, 시장이 나를 알아봐 주든 알아봐 주지 않든, 나는 나대로의 가치, 내 존재의 증명을 이 땅에서 죽는 순간까지 멋지게 하다가 가기 위한 계획을 스스로 짜야 합니다. 『홍범구주』에서도 뭔가를 계속하고 있는 사람, 꾀하는 게 있는 사람을 인재로 보고 있지요? 꾀하는 게 있다는 것은 막연한 고민이 아니라, 실질적인 계획이나 해 보겠다는 의지가 있다는 의미입니다.

그리고 실제로 작은 것 하나라도 지키고 있는 게 있어야 합니다. "그건 안 합니다." 하고 지키는 원칙 말입니다. TV에서 유명인들의 인터뷰를 보아도 각자 몇 가지 원칙을 갖고 있어요. "술은 안 마신다." "지각은 안 한다." 이렇게 각자가 지키고 있는 그것을 살펴보면, 그 안에 나름의 '양심의 발로'가 있습니다.

"이것은 지키겠다." "나와 남 모두에게 해로운 일은 하지 않겠다." 하고 뭔가 지키는 그게, 인의예지의 전문가인 '최고의 양심적 경영자'(황극)가 볼 때에는 양이 차지 않을 수도 있겠죠? 그래도 『홍범구주』에서는 그 사람들을 취하라고 말하고 있습니다.

"운전할 때 무조건 교통법규를 지키는 것이 나의 철칙이다." 이게 양심경영 전문가가 볼 때에는 상황에 따라 좀 답답해 보일 수도 있겠죠? 하지만 그게 양심에 크게 어긋나는 것만 아니면, 그런 사람들을 뽑아서 가르쳐 쓰라는 의미입니다.

그때나 지금이나 뛰어난 인재는 어차피 소수예요. 한 나라를 바꾸려면 다수가 바뀌어야 되는데, 이런 사람들을 무시하고서 일이 되겠습니까? 그래서 일반인보다 조금만 양심을 잘하면 어떻게든 그런 사람들을 보살과 군자로 만들 수 있어야 합니다. 그래야만 '최고의 양심적 경영자'가 될 수 있습니다.

다시 말하자면, 뭔가 하는 일이 있다는 것이 아주 중요합니다. 그것은 자기만의 꿈이 있고 비전이 있다는 의미도 됩니다. 회사에 들어가서 일을 하더라도, 그런 사람은 회사의 비전과 자기의 비전을 맞춰 가면서 일할 수 있는 주체적인 상태입니다. 시키면 한다는 것, 돈 주면 한다는 것은 별 의미가 없습니다. "목구멍이 포도청이라 이러고 삽니다." 하면서 시키면 하고, 시키지 않으면 안 하는 상태는 피동적인 상태죠.

기업의 경영자라면 누구나 제가 말하는 주체적인 상태의 직원을 원할 것입니다. "우리 사원들이 내가 안 볼 때에도 주체적으로 일했으면…." 하고 말입니다. 그런데 그게 저절로 되는 것이 아니고, 경영자가 처음부터 그런 양심적인 사람들을 뽑았을 때 그렇게 일하는 것입니다.

욕심이 많은 사람은 자기가 받는 월급만큼만 일하려고 합니다. 칼같이 합리적이기 때문에 "월급 이 정도 주셨잖아요, 저는 이 정도만큼 일을 하는 게 맞습니다." 하고 말하면 더 뭐라고 할 수도 없을 것입니다. 하지만 양심적인 사람은, 사람이 그렇게 사는 건 아니라는 것을 알고 있습니다. 자신의 가치, 자신의 삶을 놓고 보아도 그런 욕심이 본인에게 도움이 되지 않는다는 것을 알아요.

"비록 지금 내가 먹고살기 위해 이 직장에 와서 일하고 있지만, 순간순간 '양심'에 충실하게 일을 하는 것이 나에게도 좋고, 회사에도 좋고, 또 우리 물건을 쓰는 고객에게도 좋은 일이다."
하고 생각하는 것입니다.

리더들은 이런 철학을 가지고 일하는 사람을 원하는데, 본인부터도 그렇게 살고 있지 않다면 조직을 그렇게 만들 수가 없습니다. '황극'사상은 리더부터 양심대로 살면서 모범이 되어주고, 아랫사람들이 그 리더의 말과 행동을 보고 배워서 똑같아지게 만드는 것이 핵심입니다. 결국 그런 사람들을 만들어 내는 게 경영이니, 인재를 뽑을 때에도 먼저 ① 뭔가 꾀하는 게 있고, ② 하는 게 있고, ③ 지키는 게 있는 사람을 뽑으라는 겁니다.

이런 사람들을 뽑아야 황극이 하고자 하는 것이 잘 복사되고 전파되겠죠? 그래서 그런 사람들을 등용해서 행동할 수 있게 해 주면 나라가 창성해질 것이라고 한 것입니다. 인재를 알아보고 뽑아서 적재적소에 배치하면 나라가 창성해집니다. 이게 바로 '대아적 효율성'이 높은 일이죠.

'소아적 효율성'만 생각한다면, "그게 나에게 무슨 이득이 되겠어?" 하고 말 것입니다. 그래서 회사의 주가를 올리고, 실적을 올릴 방법만 고민하지 사람에게 투자하지 않습니다. "좀 손해를 보더라도 사람에게 투자를 하는 것이 나라 전체에 이득이다." 이런 발상을 하는 사람이 드문데, 이제는 그런 리더들이 많이 나오기를 바랍니다.

그 '관직에 있는 사람'은 부유하게 해 주어야 선해지니, 그대가 가정에서 좋은 일이 있게 하지 못하면, 이 사람이 죄를 짓게 될 것입니다. 덕德을 좋아하지 않는 이에게, 비록 복록을 하사할지라도, 그대가 허물 있는 사람을 쓰는 것이 될 뿐입니다.

凡厥正人 旣富方穀 汝弗能使有好于而家 時人斯其辜 于其無好德 汝雖錫之福 其作汝用咎

(『서경』 「홍범」)

여러분의 회사에서 월급을 적게 줘서 아내가 자꾸 바가지를 긁게 만들면, 뒷돈이라도 챙기게 되겠죠? 예나 지금이나 같습니다. 이것은 나라에서 공무원을 뽑았으면 일단 먹고 사는 문제는 걱정이 없게 해 주라는 의미입니다. 그래야 그 사람들이 더 선해질 수 있으니까요.

여기에서는 이 관리들이 아주 군자는 아니라고 보고 있죠?

제대로 된 군자라면 이런 말이 필요 없으니까요. 맹자도 진짜 선비라야 '항산恒産', 즉 '일정한 소득'이 없더라도 '항심恒心'(일정한 마음)을 유지할 수 있다고 말했습니다. 옛날 군자들도 다 알고 있었어요. 정말로 도인이 아니면 늘 선을 유지하는 게 쉽지가 않습니다.

요컨대, 조금이라도 재주가 있고 양심이 있으면 다 뽑아서 쓰되, 그 사람들이 먹고 사는 문제는 충분히 나라에서 해결해 줘야 한다는 것입니다. 그 사람들이 아주 군자가 아니기 때문에 늘 위기에 있으니, 그런 사람들을 관리할 때에는 일단 돈 문제는 해결해 주라는 것입니다. 그래야 그 사람들의 마음속에서 벌어지는 욕심과 양심 간의 경쟁에서 욕심이 승리하는 일이 생기지 않도록 막을 수 있다는 것입니다.

그런데 "덕을 좋아하지 않는 이에게 봉록을 하사한다면, 그것은 그대가 허물 있는 사람을 쓰는 것이 될 뿐이다."라고 했습니다. 이것은 '양심'을 좋아하지 않는 사람은 쓰지 않도록 주의하라는 경고입니다. 최소한 양심을 좋아하는 사람들을 써야지, 그렇지 않은 사람은 처음부터 뽑지 않아야 하고, 만약 그런 사람이 있다면 자르라는 것이죠.

반드시 부유하게 한 뒤에 그 선함을 질책하는 것은, 성인이 가르침을 설함에 중간 단계의 사람(中人) 이상이 모두 능히 할 수 있게 하고자 함이다.

必富之而後責其善者 聖人說教 欲中人以上皆可能也

(『서경집전書經集傳』)

『서경집전』에서 이에 대해 주註를 달기를, "반드시 부유하게 한 뒤에 그 사람의 선함을 질책할 수 있다."라고 했습니다. 이것은 먼저 부유하게 해 주지 않는 한, 아랫사람이 선하지 못하더라도 임금이 할 말이 없다는 의미입니다.

그리고 "이것은 성인이 가르침을 설함에 중간 단계의 사람 이상이 모두 능히 할 수 있게 하고자 함이다."라고 하였습니다. 즉, 양심을 조금만 하려는 사람이면 그래도 뽑아서 쓸 수 있게 하려고 이런 얘기를 한 것이라는 뜻입니다. 군자들만을 대상으로 한 얘기가 아니라는 것이죠. 현실 정치를 어떻게 군자들만을 대상으로 할 수 있겠습니까?

이런 내용은 지금 이 시대에 바로 적용해도 되는 실전팁이라 할 수 있습니다. 기업에서 면접을 볼 때에도 실제로 이런 사람들 중에서 직원을 뽑을 테니까요. ① 알아서 무언가라도 하는 사람 ② 자기 나름의 연구 계획이 있는 사람 ③ 자기대로 지키는 원칙이 있는 사람, 이런 사람은 그렇지 않은 사람보다 '영성지능'이 더 높은 사람입니다.

IQ가 높은 사람보다 이런 영성지능(SQ)이 높은 사람들을 더 우대해서 뽑아야 합니다. 하지만 그렇게 뽑았다고 해서 안심해 버리면 안 되죠. 경제적으로 지원을 해 줘야 이런 사람들이 어긋나지 않고 자신 안에 있는 양심을 키워 갈 수 있습니다.

그런데 애초에 '양심'을 키울 의지도 없는 사람을 뽑아 놓고, 봉록을 많이 주면 어떻게 될까요? 욕심만 커지겠죠. 그건 안 된다는 겁니다. 아주 간단한 얘기죠? 『홍범구주』에 지금 기업에서 인사를 담당하시는 분이 들어도 도움이 될 만한, 이런 실전적인 내용이 적혀 있다는 게 재미있지 않습니까?

양심적 집단지성을 활성화시키자

　이제는 일반 시민의 정보가 어느 부분에서는 웬만한 정치인들보다 더 많은 경우도 있습니다. 그래서 이제는 어느 정치인이 수작을 부리면, 국민들이 누가 수작을 부린다는 것까지 인터넷에 올리고 있습니다. 이제 정치인들은 더 이상 수작을 부리면 안 됩니다. 그냥 '양심'으로 의연히 대처해야 정치인도 살아남을 수 있는 시대입니다. 이제는 과거로 돌아갈 수 없어요. 스마트폰이 보급된 이상 누가 무슨 수를 쓰건, 수를 쓰는 과정까지 찍혀서 공개될 겁니다.

　과거에 권력자들과 모리배들이 독점하고 있던 정보를 이제는 국민도 쉽게 얻을 수 있게 되었습니다. 게다가 단지 정보를 얻는 것만이 아니라, 다른 사람들과 공유해 가면서 하나의 의견으로 모아 갈 수도 있는 장이 '사이버 세계'에 열렸지요. 그러면 이제는 뭔가 해 볼 만한 것이죠.

이제는 정치인들이 함부로 "국민이 주인입니다." 하면서 국민을 농락할 수 있는 세상이 아닙니다. "고객이 왕입니다." 해 놓고 고객을 등쳐먹는 그런 사기는 더 이상 용납되지 않을 것입니다. 이제는 국민이 당당하게 '주권'을 가지고 요구할 것입니다. 정치인들에게 민주시대를 만들라고 요구할 것이란 의미입니다. 우리는 이미 이런 시대로 가고 있습니다.

국민의 양심적인 집단지성은 그냥 집단지성이 아니라 '양심적 집단지성'이라고 제가 말을 만들어 봤습니다. 집단지성이라고 해서 다 옳은 게 아니라, 자명한 판단이 옳은 것 아니겠습니까? 양심적 집단지성은 정확한 정보만 주어지고 특정 정치집단의 세뇌에 빠지지 않게만 한다면, 분명히 스스로 합리적인 판단을 해낼 수 있습니다.

기업가들이나 정치인들이 흘리는 왜곡된 정보에 속지만 않는다면, 그리고 살면서 만들어진 고정관념, 미디어 등에 의해 세뇌된 관념에 빠지지만 않는다면, 우리 국민이 분명히 훌륭하게 판단할 수 있는 있다는 사실을 우리는 함께 목격했습니다. 이번에 정치인들이 꼼수를 부리려고 할 때 국민들이 모두 막아서 국회의원들로 하여금 탄핵소추안을 가결하도록 만들지 않았습니까?

국민들도 이제 국민의 힘이 훨씬 커졌다는 것을 자각하고 있을 것입니다. 그런데 그게 별게 아니라, 집단지성이 양심적으로 작동하는 힘이 커진 것일 뿐입니다. 그것을 올바른 방향으로 유도하지 않으면 그러다가 말고 흐지부지될 수도 있습니다. 또 언제든지 왜곡된 방향으로 흘러갈 수 있기 때문에 집단지성도 위험하다는 것을 알아야 합니다.

'집단지성'은 누군가의 강요로 운영될 수 있는 것이 아닙니다. 그러니 먼저 국민에게 정확한 정보를 제공해 주어야 합니다. 양심적인 정보를 주고 또 양심을 각성할 수 있게 도와주기만 한다면, 시대를 변화시킬 수 있는 힘을 국민이 얻게 됩니다. 이런 상황에서 정치인이 해야 할 일은, 국민의 양심각성을 돕고 국민의 양심적 판단을 돕는 정확한 정보와 의견을 제시해 주는 것입니다.

지금은 유튜브, 페이스북 등의 SNS에 얼마든지 정보를 무료로 올릴 수 있고, 받아볼 수 있는 시대입니다. 우리가 하고 싶은 이야기를 마음껏 할 수 있는 시대죠. 또 그 의견이 옳다면 얼마든지 광범위하게 공유될 수 있습니다. 사이버 세계에서 바로바로 퍼져서 100만, 200만의 시민이 광화문에 모일 수도 있는 시대가 온 것이죠.

이런 변화를 수용하지 않고서 우리가 어떻게 새로운 시대를 구상할 수 있겠습니까? 국민은 민주시대의 주체로서 각성할 준비가 되었고, 이미 각성되고 있습니다.

유튜브(YouTube) | 양심적 집단지성의 등장

양심의 대변인을 선택하자

나라에 큰 사건이 터지면 모두가 양심으로 타오르지요. 그런데 몇 년 뒤가 되면 어떤가요? 다음 선거를 할 때 즈음에는 아무것도 남지 않고 다 잊어버려요. 그러다가 어떤 후보가 우리집의 집값 상승에 도움이 되는지를 보고 뽑습니다. 우리의 문제가 이것입니다.

국민이 계속 이렇게 당하니까 상대방도 그것을 알고 수를 놓는 것입니다. 지금 국민이 분노해서 거리로 뛰쳐나와도, 정치인들이 웬만해서는 크게 걱정하지 않습니다. 왜냐하면, 국회의원 선거는 몇 년 뒤이니까요. 그 정도면 우리 국민이 충분히 잊고도 남을 시간이죠. 제가 국회의원이라도 그렇게 계산하겠어요.

지금 거리의 촛불, 국민들이 웬만큼 해서는 정치인들이 걱정하지 않을 겁니다. 그래서 제가 "국민들이 정신 차리지 않으면 큰일 난다." "여당도 야당도 믿지 말고 나가라." 하고 주장한 것입니다. 야당분들이 들으면 싫어하실 말이지만, 저는 국민에게 드리는 말입니다. 민주주의가 살아나려면 국민이 깨어나야 하는데, 국민을 살리려면 여건 야건 정치인들을 믿지 말라는 말을 할 수밖에 없습니다.

이런 얘기들 듣고 "왜 야당까지 공격하느냐?" "이러면 분열이다."라고 하시는데, 그런 얘기는 제가 하는 말의 의중을 전혀 모르고 하시는 말입니다. 저는 국민에게 주인으로서 어느 업체도 믿지 말고 정신을 차리시라는 말씀을 드리는 것입니다. 업체에서도 왜 우리 업체까지 뭐라고 하느냐 하실지 모르지만, 전혀 다른 차원의 얘기입니다.

민주주의를 하려면 국민이 정신을 차리고 여건 야건 국민에게 이로운 사람을 뽑아야 하는데, 그러려면 지금부터 정신무장을 해서 선거 때까지 이어가야 합니다. 대선, 총선 그 전에 이 열기가 다 식어버리면 모든 게 그냥 추억으로 남을 뿐입니다. "옛날 광화문에서 촛불 들고 그랬었는데…." 하고는 월드컵 때를 기억하듯이 "그땐 축제였지.", "좋았었지." 하면서 엉뚱한 식으로 지나가 버릴 겁니다. 그렇게 되면 지금의 경험이 보람 있는 경험으로 남지 못하지요.

저는 지금 우리 당을 살리자고 다른 당을 공격하는 것이 아닙니다. 정당인으로서가 아니라, 국민의 일원으로서 말씀드리는 거예요. 이제 정신 차립시다. 그리고 저도 제가 정치인들을 비방한 만큼 더 잘하려는 모습을 보여 드려야겠죠. 창당이 되면 저희도 업체 중의 하나로서 선정을 바라고 말씀드리는 것이니 입장이 달라지겠지만, 아직 저희 업체가 정식으로 출범한 게 아니니까 지금 이렇게 국민의 입장에서 강하게 말씀드리는 겁니다.

나중에 저희 업체더라도 여러분의 마음에 들지 않으시면 칼같이 버리셔야 합니다. 아무리 자기들이 옳다고 주장해도 국민에게 이롭지 않으면, 그런 주장은 따르지 마시라는 말씀을 드립니다.

유튜브(YouTube) | 국민은 정신 차립시다!

누구의 빠도
되지 말자

여러분이 어떤 정치색을 가졌는지에 상관없이, 항상 양심이 먼저입니다. 내가 받드는 그 정치인이 분명히 잘못한 것 같은데, 그래서 내 양심이 찜찜한데도, 지금 내가 그 사람의 잘못을 들추면 권력 다툼에서 그 정치인이 밀릴까봐 말을 하지 않는다면, 그게 사기를 치는 것과 같습니다.

그런 식으로 양심을 계속 위배하면서 이 세상이 좋아지길 바란다는 게 말이 되나요? 수단이 불순한데 그 목표가 이루어질까요? 양심세상을 보고 싶다면서 그 과정에서는 비양심을 묵인한다면, 여러분도 여러분이 비난하는 그 사람들과 똑같은 사람들이 되는 겁니다. 그리고 그런 이유 때문에 지금까지 좋은 세상이 오지 않는 것입니다.

물론 현실적으로 이해가 되는 부분이 분명히 있습니다. 첨예한 역학관계 속에서 양쪽이 서로 밀고 다투고 있는데, 그런 상황에서 우리 편의 잘못된 증거가 갑자기 언론에 노출되면 안 될 것 아닙니까? 그것을 막고 싶은 마음은 이해하는데, 결국 그렇게 막는 행위가 비양심적이라면 그 과보도 책임져야 한다는 것이죠. 그런 과보가 어디 가는 게 아니라는 것을 우리가 알자는 겁니다.

최소한 여러분이 '양심지킴이'라면 양심을 어긴 만큼 반드시 대가가 있다는 철칙은 수용해야 합니다. 설사 현실적으로 우리가 어떤 역량의 한계가 있어서 그때 그렇게 비양심을 묵인할 수밖에 없었다 하더라도 반드시 결과는 책임져야 합니다. 잘못된 것을 모두 바로잡아 놓고 끝나야 합니다. 그냥 덮고 가려고 하면 안 돼요. "그게 까발려지면 우리 편에게 불리하다." 이런 식으로 생각하시면 안 됩니다.

저는 어떤 종교도 갖지 않듯이 어떤 정치색도 가지지 않으려고 하는데 그 이유는, 제가 누군가의 빠가 되면 제가 빠가 된 그 사람의 잘못을 덮어 주고 싶은 마음이 들 것 같기 때문입니다. 비양심적으로 했는데도 덮어 주고 싶은 마음이 들면 제가 해 온 양심 공부가 뭐가 되겠어요? 그런 말을 처음부터 안 하는 게 낫지요. 저는 그것보다 양심을 밝히는 것이 더 중요하다고 보았기 때문에, 어떤 것보다 '양심'을 택했습니다. 그래서 제 마음속에 어떤 상像도 만들지 않고 오직 양심만 따르려고 합니다.

불교에서는 '살불살조殺佛殺祖'라고 하지요. 이것은 부처님한테도 빠지지 말고 조사한테도 빠지지 말고, 오직 '진리'만 따르라는 말입니다. 그런데 그렇게 부처님에게도 빠지지 않겠다고 선언하시는 불자분이 일개 정치인한테 왜 빠집니까? 그 에고 덩어리들한테 말입니다. 그들이 우리와 뭐가 다른데요? 오히려 우리보다 욕망이 더 센 분들이지요. 현재 우리나라 정치인이 그렇지 않습니까?

원래 정치인이 그렇다는 게 아니라, 현재 정치인들을 보면 소시오패스들이 대부분이고, 다들 자기 성공 외에는 관심이 없습니다. 그런데 왜 여러분이 그런 사람을 위해서 여러분의 진리를 희생하고, 양심을 희생하고, 성인들보다 그분들을 더 받들고 있냐는 거죠. 말이 안 되는 얘기지요.

유튜브(YouTube) | 과오는 반드시 책임져야 한다!

악에 저항하라

저에게 빈말로라도 부당한 것을 참으라고 하지 마세요. 부당한 것을 참을 요량이었다면 '홍익학당'을 열지도 않았을 것입니다. 저는 부당한 것을 보면 작은 것이건 큰 것이건, 하나하나 가능한 모든 수단을 동원해서 양심에 여한이 없게 바로잡을 것입니다.

우리는 악에 최선을 다해 저항해야 합니다. 악을 방치한 결과가 작금의 현실입니다. 악에 저항하지 않으면 악을 응원하는 꼴이 됩니다.

그래서 저는 지난 10여 년간 '홍익학당'을 통해 기존의 그릇된 종교·철학의 관념들에 반대하고, 모든 종교·철학을 회통하는 '양심주의'를 모토로 삼는 철학운동을 전개해왔습니다. '양심혁명'의 철학적 기반을 마련하고 싶어서였습니다. 특히 최근 5년간은 거의 매일 유튜브 동영상을 통해서 양심혁명을 부르짖어왔습니다.

저는 늘 생을 걸고 온몸으로 부당함과 싸웠고, 그 결과물을 여러분과 공유해왔습니다. 모두와 함께 이 '양심의 길'을 걷고 싶었기 때문입니다. '양심의 구현'이 제가 생을 걸고 꾸준히 닦는 수행이자, 제 인생의 낙이거든요. 매일매일 크고 작은 '악에 저항한 실적'이 저의 가장 소중한 자산이니까요.

그리고 이제 꿈에 그리던 '양심세상'을 꼭 보고 싶어서 창당까지 하려고 합니다. 철학적 기반은 충분히 밝혔고 이제는 실질적 변혁을 이루어 보고 싶습니다. 특히 양심에 어긋난 주장을 하시는 분들은 기대해 주세요. 각오하고 덤비시기 바랍니다. 저는 공격을 받을수록 몇 배씩 강해질 것입니다. 저는 약하지만 제 안의 '양심'은 강하니까요.

신상필벌, 가해자가 고민하게 하라

사드 배치 문제, 위안부 협상 문제에 대해 국민들이 비판을 하면 정치인들은 어떻게 반응하던가요? "너희가 대안을 제시해 봐라! 그러는 너는 대안이 있냐?" 하고 나옵니다. 이건 정말 웃기는 일입니다. 정치인 모리배들이 자기들 욕심에 권력을 남용해서 문제를 일으켜 놓고는, 적반하장으로 피해자에게 문제를 바로잡으라고 하고 있으니까요.

이건 마치 예전에 인도와 같은 국가에서, 성폭행을 당한 피해자에게 가해자인 남자와 결혼할 것인지, 말 것인지를 물어서 판결한 것과 같은 상황입니다. 성폭행을 당했는데, "결혼 할래? 말래?" 하고 묻고는 결혼을 하라고 판결을 내리는 것은 피해자를 두 번 죽이는 일이죠.

지금 우리나라에서 벌어지고 있는 일도 이와 마찬가지입니다. 가해자들이 자기 욕심만 챙기다가 나라꼴을 엉망으로 만들어 놨는데, "그럼 너희가 대안을 내놔 봐." 하면서 국민들더러 문제를 바로잡으라고 하고 있지요. 뭔가 좀 이상하지 않으세요? 저는 근본적으로 그런 질문 자체가 이상하다고 생각합니다.

사드를 예로 들면, 사드 배치에 대해 국민적인 합의도 거치지 않고서 일을 무리하게 강행시켰을 때에는, 당사자들끼리 서로 무언가 합의를 본 것이 있는 게 아니겠습니까? 누군가가 이득을 보는 것 아니겠습니까? 그런데 그런 이면의 내용은 전혀 밝히지 않으면서 국민더러 대안을 내놓으라고 협박하는 것이죠.

만약 저에게 누가 '사드 배치' 문제에 대해 묻는다면, 저는 다른 건 차치하고, 사드 배치를 통해서 사적인 이익을 취한 사람을 찾아내 바로 '여적죄'(적에게 기여한 죄)라도 적용해서 처벌부터 해 놓고 나서, 그 다음을 이야기하겠다고 말할 겁니다. 사드 자체가 정말 우리나라에 좋은지 안 좋은지는 일단 뒤로 하고, 이런 무기를 가지고 장난을 쳐서 부당한 사적 이득을 취한 사람부터 찾아내 완전히 발본색원하겠다는 것이죠. 그런 다음에 국민들과의 합의 과정을 통해서 그게 국익에 도움이 된다는 결론이 나면 몇 개라도 더 도입할 수 있는 것이죠.

그런데 우리나라에서는 지금 이런 과정이 전혀 이루어지지 않고 있죠? 대부분의 문제들이 그렇게 진행됩니다. '위안부 협상'도 일단 저질러 버립니다. 국민이 그 협상이 잘못됐다면서 항의하면, 국민에게 대안을 내놓으라고 요구하거나 이미 이루어진 국가 간 협정이니까 존중해 달라고 말합니다. 이런 상황이 이상하지 않으세요? 가해자에게 이런 소리를 계속 듣고 싶으세요?

강간해 놓고서는 "이미 벌어진 일이니 결과를 존중해 줍시다." "존중하기 싫으면 대안을 내놓으세요." "그럼 저랑 결혼 할래요? 말래요?" 이런 식으로 여러분이 가해자로부터 선택을 강요당하고 있는데, 그런 상황에 워낙 익숙해져서 모르시는 것입니다. 그런데 제 눈에 그게 전혀 자연스러워 보이지 않아요. 다 쓸데없는 짓거리죠.

잘 살펴보면, 우리가 토론할 필요조차 없는 문제를 가지고 토론하고 있는 경우가 정말 많습니다. 피해자인 우리가 토론을 하는 것 자체가 가해자들에게 도움이 되는 일이 되기 때문에 토론조차도 하기 싫은 경우가 많은데, 저는 이렇게 말하고 싶습니다. "그 문제와 관련되어 꼼수를 부리고 있는 사람들부터 처벌하고 시작합시다." 그러고 나면 사실 우리가 더 할 얘기도 없어져요.

그래서 제가 늘 "양심이 답이다!"라고 주장하는 것입니다. 이 말이 진짜 무서운 말인 줄 모르시는 분들이 많은데요, 정치든, 경제든, 어떤 문제든, 다들 꼼수를 부려서 문제를 복잡하게 만들어 놓고 여러분을 함정에 빠뜨리고 있는 것이고, 그 함정에서 벗어나는 방법은 '양심'뿐입니다. "자, 이 문제를 해결해 봐. 답은 A 아니면 B야." 하고 말입니다. 이게 불가에서 말하는 '선禪적인 질문'(화두), 즉 '공안公案'(공적인 퀴즈)이라는 것입니다.

'공안'은 그 문제 자체가 '함정'입니다. 퀴즈를 듣고 풀려고 할 때 여러분은 이미 함정에 빠지는 것이죠. 그런데 지금 이 세상이 던지는 '선적인 질문'에는 다 당하고 함정에 빠지면서, 전해져 온 선적인 질문을 좀 풀었다고 해서 목에 힘주고 있을 수가 있나요? 제가 볼 땐 그냥 장난 수준일 뿐입니다. 제가 '선문답'에 관한 책을 쓴 사람으로서 말씀드리자면, 불가에서 말하는 화두나, 이 세상이 우리에게 던지는 화두는 본질적으로 같습니다. 무엇에든 그것에 말리면 실패하는 거예요.

"사드 배치 문제를 어떻게 풀까요?"와 같은 말에는 이미 함정이 숨어 있고, 그 말을 그대로 받아들이면 그 함정에 말리게 됩니다. 화두를 풀려면 어떤 선적인 질문을 던지든지, 일단 그 문제를 무시할 수 있어야 이깁니다. 문제가 노리는 함정에 빠지지 않을 수 있어야 합니다. 그렇지 못하면 상대를 무너뜨릴 수가 없어요. 내가 수를 걸 수 없게 되고, 그 한마디 말에 바로 낚이게 됩니다.

그런데 사리사욕에 충실한 그런 꼼수쟁이들이 천지에 널려 있습니다. 그래서 이득은 자기가 보고, 고민은 국민이 하게 만드는데, 그건 '인과법칙'에 맞지 않지요. 인과법칙은 반드시 집행되어야 한다는 게 저의 철칙입니다. 그래서 저는 항상, 고민은 고민해야 할 사람에게 돌려줍니다. 절대 제가 고민하지 않아요.

누가 저에게 자기들이 이득을 보면서 문제를 일으켜 놓고는 대답을 내놓아 보라고 요구하면, 그 사람들이 고민하게 만드는 게 저의 방식입니다. 4대강 문제요? 4대강 사업을 추진했던 사람들이 고민하게 만들어야 해요. 그런데 지금은 엉뚱하게도 국민들이 고민하고 힘들어 하고 있죠. 그 일을 저지른 사람들을 처벌하여 그들이 고민하게 만들어야 합니다. 그게 인과법칙에 맞아요.

그런데 그 고민을 피해자인 여러분이 안고 있으면 문제가 잘못되기 시작합니다. 가해자들은 그럼 뭘 하나요? 그런 식으로 자기가 죄를 지어도 문제를 피해자에게 떠넘기면 피해자가 알아서 고민한다는 것을 학습하게 되죠. 그리고 "나에게까지는 영향이 없구나." 하고는 벌어 놓은 이득을 마음껏 누리게 됩니다. 이런 미친 시스템이 또 어디에 있습니까?

본질은 간단합니다. 아무리 작은 것이라도 '양심'에서 어긋나는 순간 제자리를 찾아 놓으면 됩니다. 큰 문제도 마찬가지예요. 가해자에게 돌리면 됩니다. 누가 뭐라고 해도 늘 맑은 정신으로 "몰라! 괜찮아!" 하고 무장하고서 "다 좋은데 네가 싼 똥은 네가 치워!" 하면 됩니다. 그리고 다 치울 때까지 옆에서 지켜보세요. 치우지 않으면 몇 배로, 지은 대로 또 갚아 주면 그만이에요.

지금 우리 사회는 '인과법칙'이 제대로 집행되지 않는 것이 가장 큰 문제입니다. 우주는 인과대로 굴러갑니다. 그런데 우리 사회는 인간이 꼼수를 부리면 우주가 인과를 올바르게 집행하려 해도 그 과정이 더뎌지게 됩니다. 이것은 마치 여러분의 몸에 자체적인 자정작용이 있어서 그 법칙대로 몸이 굴러가는 것과 같습니다. 여러분이 몸에 무리를 주면 몸에 무리가 나타나고, 좀 쉬어 주면 또 반드시 좋아지지요. 그런데 계속해서 몸을 혹사시키면 몸이 스스로를 회복시킬 수 없는 지경에 이릅니다. 즉, 정당한 인과법칙이 집행되기도 전에 죽을 수도 있는 것이죠.

우리 사회도 마찬가지입니다. 우리 사회에도 보이지 않는 인과법칙이 인과를 집행시킴으로써 문제를 올바르게 돌려놓으려는 작용이 끝없이 진행되고 있습니다. 그런데 문제는 모리배가 한 명이 구속되더라도 제2, 제3의 후보자가 계속 등장해 버리면 이 사회는 더 나아질 수가 없다는 것입니다. 그 한 명을 쳐내는 것도 인간 사회에서 인과가 집행된 것이니까 분명 의미가 있는 일이지만, 제2, 제3의 모리배 후보생들이 끝없이 나와서 자리를 차지하게 된다면 이 사회는 나아지지 않습니다. 더 나아지기 전에 그 나라는 망하고 말지요. 역사는 끊임없이 우리에게 그런 법칙을 가르쳐 주고 있습니다.

그렇다면 만약 '홍익당'이 정치를 한다면 어떤 정치를 할까요? 저희의 원칙은 '인과법칙', 즉 인과의 올바른 집행입니다. 죄를 지은 자는 벌을 받고 양심적인 사람은 상을 받는 사회를 만들면 됩니다. 즉 '신상필벌信賞必罰'(선에는 반드시 상을 주고 악에는 반드시 벌을 내림)이 바로 홍익당 정책의 핵심입니다. 우주도 이 원칙으로만 우주를 경영하고 있습니다. 그 원칙 안에 사랑이 있고, 정의가 있고, 모든 게 다 있는 겁니다.

인과법칙이 '정의'에 따라 집행된다고 해서 거기에 '사랑'이 없는 게 아니라, 그게 진정한 사랑인 것입니다. 사랑과 정의가 이 현실에 구현되는 모습은 카르마의 엄정한 법칙, 즉 인과법칙이 올바르게 구현되는 것입니다. 그래서 유교에서 '인의예지'를 주장하지만, 결론은 '복선화음福善禍淫'(선에는 복을 내리고 악에는 재앙을 내림)인 것입니다. 하늘은 선善에는 복을 주시고 음탕한 악惡에는 재앙을 내려 주신다는 것이죠.

하늘은 선에 복을 주고 악에는 재앙을 내리니, 하늘의 대리인인 군주는 인간 사회를 경영할 때 양심을 지킨 사람에게는 작은 것 하나에라도 반드시 상을 주고, 악을 행한 사람에게는 작은 것 하나에라도 반드시 경고를 주어야 합니다. 이것이 바로 사안에 따라 그 일을 저지른 사람이 고민하게 만들어 주는 것이죠.

우리는 정확한 처벌의 수준을 정하는 문제만 고민하면 되지, 그 다음은 그 사람의 몫입니다. 그런데 범죄자들이 막 저질러 놓은 문제를 해결하려고 선량한 사람들이 계속 고심한다면, 그 사회는 이미 착취가 만연한 사회인 것이죠. 자기가 끙끙 앓으면서 이미 착취를 당하고 있는데 그것이 착취라는 사실을 모르는 것입니다.

유튜브(YouTube) | 선의 정신으로 국가적 난제를 풀어라!

선禪의 정치로 국난을 극복하자

제정신을 찾자는 게 '선禪'입니다. 우리가 제정신을 찾는다는 것은 별게 아닙니다. 아무리 뇌물이 유혹해 와도, 누가 여러분을 함정에 빠트리려고 해도, 꿋꿋이 제정신을 지켜서 흔들리지 않고 본질을 찾아갈 수 있는 정신력이 선이에요. '선禪'은 '볼 시視'자에 '홑 단單'자로 "딱 하나의 본질만 본다!"라는 의미입니다.

누가 여러분에게 컵을 내밀면서, "컵이라고 하지 말고, 컵이 아니라고도 하지 말고 이게 뭔지 얘기해 봐."라고 화두를 던진다면 어떻게 답하시겠습니까? 여러분이 "컵인데 컵이라고 말하지 않으면서 이걸 어떻게 이야기하지?" 하고 고민을 시작하면 정신이 분산되면서 바로 지옥고로 직행하는 꼴이 되죠. 정신이 분산되면 끝나는 겁니다.

오직 '본질 하나'만 직시해야 합니다. 이름을 무엇으로 붙이든 컵이 컵인 건 분명하죠? 그래서 답은 여러 가지가 가능합니다. 컵을 그냥 벽에 던져서 깨 버려서 그런 함정에 빠지지 않음을 보여 주어도 되고, 컵에 물을 따라 마셔서 컵이 스스로 자신을 증명하게 해도 됩니다. 컵인지 아닌지는 질문하는 그 사람의 머릿속에나 있는 것이지, 나는 아무런 고민이 없다는 것을 보여 주는 게 선입니다. "너나 그런 것으로 계속 고민해라." 하고 고민을 질문자에게 던져 버리는 것이 현명한 답입니다.

가장 무서운 사람은 우리 사회 속에서 그런 선을 깨우친 사람입니다. "진보냐? 보수냐?"도 그런 화두와 똑같은 놀음이에요. "좌익이냐? 우익이냐?" 그런 게 어디 있나요? 왜 자신을 그런 틀 안에 억지로 넣어야 하나요? 오직 '양심'에 따라 살면 되는데, 거기에 자꾸 이런저런 이름을 붙일 필요는 없는 것입니다.

그런데 여러분이 그런 문제를 붙잡고 혼자 끙끙 앓고 계시면, 여러분은 가해자에게 두 번 당하는 꼴이 됩니다. 가해자의 착취로 피해를 한 번 당하고, 그 피해를 수습하려다가 한 번 더 당하는 거예요. 그렇게 엄한 사람들에게 착취당하면서 살다 보면 더 살아갈 힘과 낙을 잃어버리게 됩니다.

당당해지세요! 인생을 살다가 아무리 험한 일을 당해도 "몰라!" "괜찮아!" 하고 이겨내세요. 그 험한 일이 여러분의 삶의 본질을 훼손하지 않습니다. '본질'만 추구하세요. 이생에 나는 내 삶을 통해 어떤 것을 꽃피울 것인지만 생각하세요. 어떤 시련을 당하더라도 "나는 이 땅에 무엇을 하러 왔는지?" 그것만 분명히 하세요.

지금 여러 정치인들이 나서서 안팎으로 어려운 국가적 위기를 극복하겠다고 외치고 있는데, 제가 '양심경영 전문가'로서 말씀드리자면 그런 보통의 정신력으로는 이런 난국을 수습할 수 없습니다. 자꾸 본질을 가리고 현혹시키려는 사람들 천지이니까요. 잘해 보려고 노력하는 사람도 일반적인 정신력으로는 비슷한 수준의 답밖에 얻지 못합니다. 그래서 우리가 믿었던 사람이 올라가도 상황은 크게 변하지 않는 것입니다.

그러니 '양심경영'에 숙련된 사람이 정치를 맡아야 하는 겁니다. 그런 분들이 외교를 해야 어디 가서 엉뚱한 소리를 하지 않지요. 외교를 할 때 상대방은 얼마나 많은 꼼수와 함정을 준비해 놓았겠어요? '위안부 협정' 하나만 해도 그 협정으로 이득을 보는 사람들은 얼마나 준비를 잘 했을까요?

그런데 내가 단순히 좀 이득을 본다는 이유로 나가서 나라를 팔아먹는 사람들이 있습니다. 그런 사람들은 친일파와 뭐가 다르죠? 심지어 국민들이 반대하는데, 그게 왜 문제인지도 모르고 있습니다. "이왕 한 국가 간 협정이니까 존중합시다." 하고 말하는 정치인도 있는데, 그런 사람들에게 나라를 맡겼다가는 선량한 듯 나라를 팔아먹을 것입니다.

'선禪의 정신'으로 무장된 사람이 아니면 이런 문제를 해결하기가 쉽지 않습니다. 그래서 그런 사람이 한두 명 있다고 될 일이 아니고, 온 국민이 다 그렇게 되어야 합니다. 그런데 사실 알고 보면 그게 본래 주권자가 해야 할 일이에요. 무엇에도 현혹되지 않으면서 '본질'을 놓치지 않고, 항상 나라를 위한 결정을 내릴 수 있어야 진정한 주권자라 할 수 있습니다. 아무리 협박을 하고 감언이설로 달콤한 얘기를 하더라도 나라의 주인으로서 올바른 결정을 내려야 주권자인 것이죠.

그러려면 먼저 우리가 깨어있어야 합니다. 정신이 살아있어야 해요. 본인을 위해서라도, 나라를 위해서라도, 국민 모두가 제정신을 차리고 있어야 합니다. 특히 주권자라면 국가적인 위기 상황에 처한 때일수록 더욱 깨어있어야 합니다. 촛불집회와 박사모집회가 서로 충돌하는 것을 보고 "아이고, 이 나라는 이제 끝났다." 하면 또 함정에 빠지는 거예요. 끝난 것도 없고, 끝나지 않은 것도 없고, 우리는 언제나 우리 양심에만 충실하면 되는 것입니다.

우리 생은 우리가 추구하는 가장 본질적 가치, 즉 진실을 구현하기에도 시간이 짧습니다. 쓸데없는 곳에 휘둘릴 필요가 없습니다. 항상 잘못한 사람이 고민하게 만들어야 해요. 처벌이 제대로 이루어지지 않으니까 결국은 피해자가 고민하고 있는 것이죠. 가해자는 발 뻗고 자고, 피해자는 "이 일을 어떻게 수습하나?" 하면서 전전긍긍하는 이런 상황이 잘못됐다는 것입니다.

홍익당이 추구하는 '양심이 답'인 사회는 그와 반대로 운영

되는 사회입니다. 항상 가해자가 고민하고, 자책하고, 뉘우치고, 밤잠을 못 자게 만들어야 합니다. 그건 그 사람들이 고민할 일이니까요. 피해자인 국민이 대신 고민해 봐야 답도 잘 나오지 않을 뿐더러, 가해자는 그 와중에 힘을 충전해서 새로운 범죄를 저지르고 다닐 것입니다. 그러면 피해자의 고민거리는 계속 늘어 갈 수밖에 없는데, 이게 바로 착취당하고 있는 상황인 것입니다.

그러니 이런 함정에 절대 빠지지 말고, 공을 항상 가해자에게 던져서 가해자가 책임지도록 하세요. 이 원칙만 지켜지면 이 사회는 다시 살아날 수 있습니다. 수많은 정책들은 이 원칙을 지키는 과정에서 자연스럽게 이루어지게 됩니다. 이 원칙은 노동 현장에든, 중소기업·대기업 문제에든, 어느 문제에도 적용할 수 있고 그 원칙을 통해 문제를 해결할 수 있습니다. 고민할 사람이 고민하게 만들면 끝나는데, 이게 지켜지지 않으니까 말이 많아지고, 그런 것에 말려서 국민이 함정에 빠집니다.

'정치'나 '종교'는 본질적으로 같습니다. 인간의 정신을 세뇌시켜서 착취해 먹겠다는 사람들과 선량한 호구들이 만나면 사이비 종교와 사이비 정치의 판이 벌어집니다. 이런 판을 깨버릴 수 있는 사람은 정신을 똑바로 차리고 사는 사람입니다. 그리고 그 역할을 홍익당이 해 보려는 것입니다.

유튜브(YouTube) | 선의 정신으로 국가적 난제를 풀어라!

230만 양심지킴이들의 위대한 가능성

그 추운 날에 촛불을 들고 나갔던 사람들의 내면에 무엇이 움직이고 있었나요? '양심'입니다. "너희가 양심지킴이를 주장한다고 해서 우리나라에서 양심지킴이가 나오겠냐?"라고 말씀하실 수도 있겠지만, 상황이 급하니까 지난 12월에 230만 양심지킴이가 뛰쳐나오지 않았나요? 230만 양심들이 거리에 나와서 지켜보고 감시하니까, 정치인들이 수작을 부리려다가도 못 부렸지요. 양심이 이렇게 힘이 있는 것이고, 이렇게 실질적인 것입니다.

다만 안타까운 것은, 그런 양심이 계속 타올랐으면 하는 것이죠. '양심성찰'을 통해서 그 양심을 혼자서도 타오르게 할 수 있는, 그런 내공을 각자가 갖추었으면 좋겠다는 것입니다. 그러면 그런 분들이 '민주시민'이 되어서 이 나라는 민주주의를 새롭게 다시 시작해 볼 수 있게 되는 것이죠.

'민주주의'가 어떤 것인지에 대한 이런저런 이야기만 있지, 실제로 자기가 타오르면서 경험하지 못한 것은 결국 다 남의 것입니다. 그래서 나를 타오르게 해서 사회를 바꿔 보는 경험이 아주 중요합니다.

저희가 정당을 만드는 것도 여러분의 공부에 큰 도움이 될 것입니다. 정당을 만들어서 특별히 엄청난 일을 하지 않더라도, 사회 속에 다리를 제대로 디더 놓고 '양심'을 말하는 것과, 사회에서 떨어져서 유튜브로만 양심을 말하는 것은 그 힘이 달라요. 지켜보고 계시는 분들의 각오도 달라집니다. 저는 아주 좋은 교육적 효과가 있을 것이라고 봅니다.

'홍익학당'에서는 민주시민을 양성하고, 즉 양심지킴이를 교육시켜 배출해 내고, '홍익당'은 그 양심지킴이들이 모여서 '양심 개벽' '양심건국'을 실질적으로 이루어 내는 조직이 되면 좋겠다는 것이 제 바람입니다.

유튜브(YouTube) | 230만 양심지킴이들

양심지킴이가 진정한 민주시민이다

'양심지킴이'가 되세요. 남이 보든 안 보든, 내 양심에서 "내가 상대방이라면 이런 건 정말 싫겠다." 하고 생각되는 일은 하지 마세요. 남이 알아주건 알아주지 않건 하지 마세요. 그리고 남이 보건 보지 않건, "내가 상대방이라면 이런 배려를 받고 싶겠다." 하고 생각되는 일은 먼저 해 주세요. 그러면 스스로 뿌듯해집니다. 안 해야 하는 일을 안 했을 때, 해야 하는 일을 했을 때, 우리는 뿌듯함을 느낍니다. 반대로 해야 할 일을 안 했을 때, 안 해야 할 일을 했을 때에는 마음이 찜찜해집니다.

이런 '양심의 소리'를 듣고 살아가다 보면 '양심'을 따르는 일이 점점 쉬워집니다. 우주는 인간이 기본적으로 양심을 탑재하고 세상에 나오게 설계했어요. 아주 사이코패스가 아닌 한, 일반인들은 기본적인 양심이 정상적으로 돌아갑니다. '사이코패스'는 태어나는 과정에서 육체가 온전히 그 신호를 못 받는 경우죠. 사회의 보살핌이 필요한 경우라고 할 수 있습니다.

또 억지로 '욕심'의 방향으로 '욕심노트'만 써가면서, '욕심지킴이'로 살아온 사람들을 우리가 '소시오패스'라고 부릅니다. 후천적으로 열심히 욕심을 추구해서 욕심꾼이 된 사람이에요. 그런데 그런 사람들도 좋은 환경에서 좋은 교육을 받으면, 다시 자신의 양심을 정상적으로 회복할 수 있습니다.

결국 교육이 제일 중요한 부분인데, 이것을 한마디로 하면 '양심지킴이의 양성'입니다. 우리나라의 교육은 무엇을 길러 내기 위한 교육인가요? 양심지킴이입니다. 양심지킴이를 양성하기 위해 '지덕체智德體'를 가르치는 것입니다. 그래야 먹고 살 궁리도 할 수 있고, 인격도 갖출 수 있고, 그래서 이 민주국가에 어울리는 '민주시민'이 될 수 있다는 것이지요.

유튜브(YouTube) | 민주시민은 양심지킴이

오직 자명한 것만 따르자

　우리의 마음은 욕심을 자극하는 대상들만 자꾸 접촉하게 되면, '욕심'에 빠져 사리판단이 흐려지게 되어 있습니다. 반대로 양심을 자극하는 자명한 진리를 자꾸 접촉하게 되면, 흐릿하던 '양심'이 선명해져서 양심적이고 자명한 판단을 할 수 있게 됩니다.

　제어하기 힘든 무형의 마음을 통제하는 손쉬운 방법은, 마음의 '대상'을 통제하는 것입니다. 마음의 대상이 하나로 모아지면 마음도 하나로 모아지게 됩니다. 마음이 늘 욕심에 휘둘린다면, 자명한 진리를 담은 글과 동영상을 자주 접하고, 진리를 생각하는 시간을 자주 가지십시오. 틈나는 대로 자명한 진리를 보고 듣고 음미하십시오.

그것이 '과학적 진리'여도 좋으며 '철학적 진리'여도 좋습니다. '체험'과 '개념'이 일치하는 '자명한 정보'이기만 하면 됩니다. 자명한 진리는 우리의 정신을 건강하고 상쾌하게 만들 것입니다. 자명한 것은 이미 양심적인 것이니까요.

창당선언

저는 기회가 된다면 반드시 창당을 해서, "정치라는 것은 이런 서비스다."라는 것을 온몸으로 이 땅에 보여 주고 싶습니다. 정권을 얻고 말고는 제 관심사 밖입니다. 우리나라를 '양심 51%'가 살아 움직이는 사회로 만드는 데에 일조하고 싶어서 최선을 다해 도전하려고 합니다. 그게 제 '양심의 소리'이기 때문에 제 양심의 소리에 반응하는 것일 뿐입니다.

정치인은 국민이 힘들다고 하면, 무엇 하나라도 도와줄 방법이 없는지를 최선을 다해 연구하면 되는 것입니다. 그것으로 인해 당선이 되고 안 되고를 기대하는 것 자체가 '욕심'입니다. 그렇게 최선을 다해 국민의 '양심'에 반응하는 정당을 하나 만들어 보는 것이 저의 소원입니다.

정당이 만들어지면 그 정당을 통해 저도 공부할 것입니다. 국민과 함께 일하면서 공부하고, 국민의 양심이 살아나는 것을 보면서 또 공부할 겁니다. "양심이란 게 이런 것이구나!" "이렇게 하면 국민의 양심이 살아나는구나!" 하는 것을 국가적으로도 공부해 보고 싶습니다. 제 공부를 위해서도, 여러분의 양심계발을 위해서도 창당을 하는 것이 옳은 길이라고 생각합니다.

지금은 돈도, 인맥도 가진 게 부족합니다. 하지만 그동안 저는 돈 따지고, 조건 따지면서 일하지 않았습니다. 오직 '양심'이 시키는 대로, 양심에 더 자명한 것만 하다 보니 여기까지 온 것이지, 제가 돈을 더 벌겠다고, 또는 이름을 더 알리겠다고 꼼수를 부렸으면 진작 망했을 것입니다.

'양심'은 통합니다. '진심'은 통합니다. 저의 그런 진심을 많은 분들이 알아봐 주셔서 제가 여기까지 온 것입니다. 저는 이제 그런 정치가들을 보고 싶습니다. 오로지 양심은 통한다는 것, 진심은 통한다는 것 하나만 믿고 온몸을 바칠 정치인들이 많이 나오면, 이 땅은 바로 설 것입니다. 계속 꼼수를 부려서는 절대로 바로 설 수 없을 것입니다.

꼼수를 부리는 정치인의 마음에는 국민보다 위에 뭔가가 더 있어요. '자기의 성공' '자기의 부'가 국민보다 우선순위가 높은 것이죠. 그래서 전임 대통령은 일관되게 돈을 추구했죠. 자기의 이익을 위해 대통령이 됐고, 원하는 것을 얻었기 때문에 임기가 끝난 후에도 아주 여유롭게 잘 살고 있습니다. 하지만 그때 국민들의 호주머니는 싹 다 털렸는데도 잘 모르고 있습니다.

이런 얘기를 하면 저더러 빨갱이라고 하실 분들도 계실 겁니다. 그런데 웬 빨갱이인가요? 지금 북한이 좋다는 정신 나간 사람이 어디 있습니까? 누군가에게 빨갱이 딱지를 붙이면서 "김일성 욕해 봐." 하고 요구하는 분도 계시는데, 지금 그런 유치한 논쟁을 할 때가 아닙니다.

대한민국이 이 지경이라면 북한 상황은 말도 못하죠. 빨리 북한을 '양심'으로 해방시켜야 되지 않겠어요? 그래도 우리 동포들인데 계속 저 지경으로 방치하실 건가요? 남한이 정신을 차리면 북한도 햇볕정책으로 녹일 수 있습니다. 이전 정부의 햇볕

정책이 아니라 '양심 햇볕정책'으로 말입니다.

우리나라가 양심 강국이 되면, 북한은 저절로 무너집니다. 우리가 지금 이 모양이니까 북한에서 볼 때 "남한은 뭐가 좋냐?" 하는 것 아닙니까? 우리가 허점을 보일수록 "남한 하는 꼴 봐라." "적어도 우리 수령님은 안 그러신다." 이런 데에 자꾸 이용되지 않겠습니까?

'안보'가 별게 아니고, '양심'을 지키는 것이 안보입니다! 그런데 지금 안보를 떠드는 분들이 오히려 가장 나라 망신을 시키고 있습니다. 또 우리나라에 쓸데없는 후진 무기들을 비싼 값에 사들이면서 농단을 부려서 국민의 세금을 착복하는 사람들이, 제가 봤을 때에는 가장 북한을 이롭게 하는 사람들입니다. 또 자기 성공을 위해 국민을 분열시키고 있는 사람들, 이 사회를 '양심 51%'로 만드는 데에 가장 큰 걸림돌이 되는 사람들, 이런 사람들이 바로 '이적 행위'를 하는 사람들이죠.

그런 사람들이 가장 써먹기 좋아하는 게 '종북' 놀이인데, 그런 말에 빠져서 범인을 잡겠다고 엄한 사람들을 색출하고 다니는 분들도 많죠. 본인이 사기꾼한테 사기를 당하고 있는 것은 모르고 사기꾼을 돕고 있으니 기가 찰 노릇입니다.

'민심'은 '욕심'(국민의 개별의지)을 말하는 것이 아닙니다. 옛 어른들이 "민심이 천심이다!"라고 할 때의 민심은 백성들 안에 있는 '양심'(국민의 보편의지)을 뜻합니다. "우리 집값 올려 줘!" 이게 민심이 아니라, "그건 정의롭지 못하다." "이건 국민에게 이롭지 않다."라고 느끼는 그 마음이 민심이고, 양심입니다. 그래서 국민이 분노하지 않게 하는 정치가 최고의 정치라고 말하는 것입니다.

과거의 정치인들은 민심이 화를 내면 하느님이 화를 낸다고 생각했습니다. 지금 국민의 90%가 대통령의 처신에 대해 잘못됐다고 말하고 있습니다. 그런 국민의 목소리를 최대한 정치에 반영하라고, 우리가 정치인들을 고용해서 월급도 주는 것이죠. 그런데 지금 우리나라의 정치인들은 그런 일은 하지 않으면서, 국민에게 "자중하라, 지금은 그럴 때가 아니다." "그런 결정은 우리에게 불리하다."와 같은 말을 하고 있어요.

그런 업체들은 빨리 갈아치워야 합니다. 제가 갈아치우자고 말하면 여러분은 "갈아치울 데가 없는데, 자꾸 어디로 갈아치우라고 하나요?"라고 하실 것 같아 제가 '창당'을 하려는 겁니다. 제가 무슨 권력욕의 화신도 아니고 저는 지금 제가 하는 일만으로도 무척 피곤하지만, 제 양심이 이렇게 말만 하고 있는 것은 찜찜하다고 하기 때문에, 이제 좀 더 적극적으로 움직여 보려는 것입니다.

유튜브(YouTube) | 양심혁명은 시작되었다!

정치가 바뀌어야 삶이 바뀐다

제가 지난 5년간 유튜브에서 종교에 대해 비판하면서 새로운 '종교의 비전'을 제시했듯이, 이제 '정치'에 대해서도 같은 작업을 하려고 합니다. 그동안 종교에 대해서는 제가 할 만큼 했다고 생각합니다. 제 강의를 5년 정도 들으셨다면 종교에서 자유가 오고, 남에게 휘둘리지 않고 자기 안의 '양심'을 따르게 되실 겁니다. 정치도 앞으로 시간을 갖고 그렇게 해 보자는 것이죠.

그동안 정치세력들이 국민을 속이면서 착취해 왔던 짓, 이제는 더 이상 하지 못하도록 제가 완전히 까발리고 밝혀서 유튜브에 올려 드리겠습니다. 지금부터 하나씩, 정치인들의 잘못된 모습과 거기에 세뇌되어 있는 사람들이 어떤 실수를 범하고 있는지, 어떤 '무지'와 '아집'에 빠져 있는지를 하나하나 한번 밝혀 보겠습니다. 국민들의 잘못과 정치인들의 잘못 그리고 우리가 나아가야 할 비전을 말입니다.

그렇게 넉넉잡아 한 5년이 흐르면 어떻게 될까요? 국민들이 학당의 종교, 철학 강의를 5년간 들은 것만큼 정치에 대해 들으시면 어떻게 될까요? 우리가 '정당'(홍익당)까지 하나 만들어놓고 떠들면 어떻게 될까요? 저는 우리나라에 엄청난 변화가 일어나고, 국민들이 깨어날 거라고 봅니다.

지금 우리 국민들이 박근혜·최순실 덕분에 깨어났지요. 왜 깨어났을까요? 이제는 국민의 정보가 많기 때문입니다. 지금은 스마트폰 하나만 들고 있어도 어마어마한 양의 정보를 받아 볼 수 있습니다. 정부가 국민을 속이면, 속였다는 정보까지 모두 공유되고 있습니다. 그러니 이제는 정치권이 더 이상 국민을 속일 수 없고, 구식의 정치가 먹히지 않는 시대로 넘어왔다는 것을 알아야 합니다.

그런데 무엇이 문제인가요? 국민들은 이미 각성돼 있는데, 정치인이 국민을 따라가지 못하고 있습니다. 그러면 당분간은 이 상태에서 서로 엄청나게 불편한 동거를 해야 해요. 지금 각성된 국민의 수준에 맞는 정치 수준을 우리나라가 갖추지 못하면 모두가 고생합니다. 국민의 안목은 높아졌는데, 나라 돌아가는 꼴은 엉망이면 서로 괴로울 뿐이죠.

지금 '여·야'를 포함해서, 그나마 민심을 중요시하는 몇몇 정치인들이 등장해서 다행이기는 합니다. 그렇지만 저는 민심을 그대로 따르기만 하는 것도 문제가 있다고 봅니다. 국민을 깨어나게 하면서 따라야 되는 것이죠. 국민이 편견과 욕심에 빠지지 않도록 정치에 대한 정확한 정보와 교육을 제공하면, 국민들이 스스로 양심적인 판단을 할 수 있는 소양을 점점 갖추게 될 것입니다.

이번 '촛불혁명'을 통해서 분명히 그런 변화의 싹은 자라났어요. 그런데 이것을 계속 부추기면 어떻게 될까요? 매주 촛불을 들자는 말이 아닙니다. 촛불만 들면 뭐 하나요? 자기 내면의 '양심의 불'이 켜져야지요. 촛불이라는 것도 그 양심에서 나온 불이잖아요.

국민 각자의 양심의 불이 강해지고, 국민이 이 모든 상황을 정확히 보기 시작하면 무서워집니다. 그런데 그런 힘이 50% 이상 모인다면 어떨까요? 꼭 수數의 문제가 아니라, 그런 힘이 우리나라에서 50% 이상의 힘을, 헤게모니를 갖는다면 그때부터 이 나라는 다른 차원으로 넘어가게 됩니다.

저는 이것이 옛 어른들이 말해왔던 '개벽開闢'이라고 생각합니다. '문명개벽'이라는 것은 '정치'가 변할 때 일어납니다. 역사적으로 종교의 교주, 성자들은 계속 왔다 갔지만 개벽이라고 말할 만한 현상은 일어나지 않았습니다. 즉, 국민 전체의 양심 수준이 올라가는 정도의 일은 드물었어요. 그러면 무엇이 변하지 않아서 그런 건가요? 정치 때문입니다.

정치인들이 성자들의 말을 따르지 않았기 때문입니다. 국민들이 아무리 성자를 따라 봤자 종교가 만들어질 뿐이지, '인문개벽'은 오지 않더라는 것이죠. 결국, 정치가 바뀌지 않아서 개벽이 안 됐던 겁니다. 정치가 바뀌지 않는 한, 위대한 성자가 다녀가도 큰 성과가 없는 것이죠.

요컨대, '정치'가 바뀌어야 국민들의 삶이 바뀝니다. 그래서 앞으로 저는 이런 방향으로 연구를 계속할 생각입니다. '홍익학당'은 '양심의 각성'을 주도하고, '홍익당'은 '양심의 실천'을 주도함으로써, 이 땅에서 인문개벽을 이루어 보고 싶습니다.

유튜브(YouTube) | 정치판에 진짜가 나타났다!

창조적 소수자의 등장

요즘 우리나라의 정치권이나 학자들은 모두 한 목소리로, 지금은 새로운 혁명의 시기라고 말하고 있습니다. 조국 교수님은 "명예혁명의 시기다."라고 하셨고, 김용옥 선생님은 "새로운 의식혁명이 필요하다."라고 하셨습니다. 또 최장집 교수님은 "새로운 정당과 새로운 패러다임의 혁명이 일어나야 한다." 하고 말씀하셨지요. 모두가 이렇게 같은 말씀을 하시는데, 우리가 도대체 어떤 혁명으로 나아가야 할까요? 그 혁명에 대한 명확한 비전은 어디에서도 제시되지 않고 있습니다.

현재 상황을 토인비(Arnold Joseph Toynbee)식으로 설명해 보면, 한 문명이 도전을 받았는데 정확히 어떻게 응전할 것인지에 대한 그림이 머릿속에 없는 상태인 것입니다. 더 이상 과거의 방식이 통하지 않는다는 것까지는 자명해졌지만, 새로운 방식으로서 무엇이 필요한지에 대해서는 아직 자명하지가 않은 것이죠. 지금이라도 그 해법을 알아내려면, 국민의 민심 안에서 울리는 '양심의 소리'를 열심히 들으면 됩니다.

그런데 문제는, 진보 야권에 계신 분들도 자기들이 그려 놓은 그림만 계속 그리고 있다는 것입니다. 예전, 그것도 몇 십 년 전에 그려 놓은 그림을 계속 고집하고 있습니다. 국민들 안에 살아있는 '양심의 소리'는 듣지 않고서, 자기들의 양심의 소리 중에서도 아주 부분적인 것만 듣고 있는 것이죠. 그러면서 "국민들이 아직 미개해서 못 따라오는 것이지, 우리만 따라오면 나라는 바뀐다."라고 생각한다는 겁니다.

다시 토인비 얘기로 가 볼까요? 그러면 문명의 도전에 누가 해법을 제시하는지 아십니까? '소수'가 해법을 제시해요. 어차피 아이디어는 소수로부터 나옵니다. 사실 역사적으로 보면 대부분 한 사람의 머릿속에서 나와요. 그런데 여러 분야의 아이디어가 나올 수 있으니까, 소수 집단에서 나온다고 말할 수 있겠죠.

그 소수자들을 토인비가 '창조적 소수자'라고 부른 것입니다. 즉, 실제로 그 도전 과제를 해결할 수 있는 해법을 제시한 소수자를 '창조적 소수자'라고 합니다. 이게 동양에서 말하는 '황극'(국민의 모범이 되는 최고의 양심적인 경영자)에 해당하는 존재입니다.

지금 누구나 사용하고 있는 스마트폰도 처음에 무엇을 모방하면서 대중화되었나요? '애플사社의 아이폰'을 보고 따라갔었지요? 그럼 애플이 그 영역에서는 '황극'인 겁니다. 그 사람 하나의 움직임을 다른 모든 동종 업계에서 지켜보면서, "저 사람을 따라가면 산다." 하는, 그런 아이디어를 제시하는 사람들을 '창조적 소수자'라고 부르는 것이죠. 창조적 소수자가 우리나라 정치권에서 나온다면 우리 국민들이 답을 얻는 것이고, 나오지 않는다면 답을 얻지 못하는 겁니다.

그런데 창조적 소수자의 반대말은 '지배적 소수자'예요. 지배적 소수자는 아이디어는 없으면서 지배만 하려고 합니다. 오직, 현재 내가 지배하고 있는 시스템이 계속 유지되기만을 바라는 것이죠. 그러니 지금 우리나라의 정치권이 '지배적 소수자'인지, 아니면 '창조적 소수자'인지를 보면 우리의 미래도 짐작할 수 있습니다.

그런데 지배적 소수자들이 "우리가 창조적 소수자다!" 하고 주장할 수도 있는데 어떻게 그 둘을 구별할 수 있을까요? 토인비는 창조적 소수자만의 특징으로서 '미메시스mimesis'라는 '복사' 현상을 언급했습니다. 창조적 소수자가 등장하면 그 문명 전체의 구석구석까지, 그 창조적 소수자가 내놓은 해법을 복사한다는 것입니다.

여러분은 그동안 야권에서 주장해 온 삶의 모델들을 배우고 복사하신 적이 있으신가요? 진보 진영이 제시하는 삶의 원칙들을 복사하고 계신가요? 애플사의 제품을 줄을 서서라도 사고 싶어 하듯이, 그렇게 배우고 계시냐는 것입니다.

"저것만 쓰면 정말 잘살 수 있겠네." "저게 진짜 해법이네." 하는 자각을 하게 되면 사람들은 옆에서 말리고 막아도 그 제품을 사용합니다. 그것만이 답이기 때문에 그 문화를 '복사'를 하는 것입니다.

지금의 우리나라는 그런 창조적인 답을 제시해야 할 때라는 것입니다. 왜냐하면, 지금은 패러다임이 바뀌는 시대이기 때문에, 창조적 해법을 제시하지 못하면 새 시대를 주도할 수 없습니다. 그러니 설혹 지금 권력을 잡았다고 하더라도, 창조적 해법이 없는 자들은 그냥 구시대의 끝물이지, 새 시대의 선봉이 아닌 것입니다.

유튜브(YouTube) | 창조적 소수자, 지배적 소수자

양심지킴이들의 정당, 홍익당

'홍익당'은 '양심지킴이들의 정당'입니다. 이것이 제가 드릴 말씀의 전부예요. 앞으로 양심지킴이 당을 키우고 살리고, 온 국민을 양심지킴이로 만드는 것이 우리에게 가장 중요한 일이지, 창당이나 선거에 조급해 할 이유가 없습니다. 나머지는 우리가 필요하면 취하는 '방편'일 뿐입니다.

저는 항상 제가 노력한 만큼만 받기를 원하지 요행을 바라지 않습니다. 욕심은 늘 요행을 바라기 때문에, 할 일을 하지 않고서 얻기를 원합니다. 반면 양심은 "남들이 오래 들여 온 공이 있는데, 내가 그걸 욕심내면 되나?" 하고 말합니다.

그런데 우리가 일단 창당을 하면, '홍익당'이 만들어졌다는 것을 온 국민한테 알려서 양심에 대해 함께 고민을 해 볼 기회라도 마련해야 하는 것 아니겠습니까? 그런 차원에서 여러 방편을 고려 중입니다.

우리나라에서 홍익당이 창당된다는 것은 역사적인 사건입니다. '양심'을 핵심 가치로 삼는 정당이 전 세계적으로 희귀할 것입니다. 혹시 있더라도 그 정당들이 우리만큼 양심에 대해 소상히 알고 정치를 하고 있지는 않을 것입니다. 홍익당은 전 인류를 살릴 수 있는 '양심당'이니, 만들어지는 것만으로도 의미가 크지요.

창당 이후에는 총선이든, 대선이든 준비하면서 인재들을 모아가며 홍익당의 역량을 키울 것입니다. 지금은 인재가 턱없이 부족하지만, 앞으로 양심적인 인재들이 많이 모일 것이라고 생각합니다.

제가 그동안 찾았던 인재는 일선 현장에서 일하시면서 양심적으로 본인의 가정과 직장을 경영하고 싶어 하는 분들이었고, 실제로 그런 분들이 '홍익학당'에 많이 찾아오십니다. 그런데 우리 사회에는 여러 분야에 전문성을 가진 뛰어난 인재가 엄청나게 많기 때문에, 이제는 창당과 더불어 보다 적극적으로 전문성을 가진 인재들도 찾아서 배양하려고 합니다.

유튜브(YouTube) | 홍익당은 양심지킴이당

양심의 눈으로 보면 답이 보인다

모든 문제는 '양심'으로만 해결할 수 있습니다. 노동 문제는 노사 간에 서로 입장을 배려해 가면서 가장 자명한 결정을 내릴 수 있도록 국가가 도와주어야 합니다. 그게 '양심 국가'입니다. 복지문제도 자꾸 보통 복지니 무상 복지니 하면서 큰 담론만 이야기하는데, 제가 생각하는 복지는 나라 형편이 되는 대로, 역량이 되는 대로, 우리 사회에서 가장 형편이 어려운 사람부터 도와주면 됩니다.

그런데 지금 정치권은 보편 복지냐, 무상 복지냐를 놓고 자기들끼리 논쟁만 벌이고 있죠. 정말 답답하지 않은가요? 보편 복지가 아니면 어때요? 무상 복지가 아니면 어때요? 제발 좀 국가가 세금을 걷어서 어려운 처지의 사람들을 빨리 도와야 하지 않겠습니까?

또 우리나라 '공사公社'들이 하는 것 좀 보세요. 수익을 내지 말아야 할 공사들이, 국민의 세금으로 수익을 내서 그걸로 자기들끼리 성과급을 나눠 먹고 있습니다. 공사라는 게 수익을 내라고 존재하는 것인가요? 공사는 원래 손해를 보라고 있는 겁니다. 손해를 보더라도 국민을 위한 서비스를 제공하기 위해 존재하는 기관이죠. 일반 사기업이라면 철저하게 이익만 빼 가려고 할 텐데, 이익이 나지 않는 영역이기 때문에 공사를 만들어서 투입한 것입니다. 뭐가 단단히 잘못됐죠?

이 모든 문제를 양심의 눈으로 보면 어디가 왜 잘못되었는지가 보입니다. "그런 짓 하면 큰일 나겠구나." 하는 게 '양심의 눈'으로 보면 보이는데, 양심을 빼고 보면 보이지 않습니다. 그래서 우리나라가 정말 잘 되고 있다고 오판할 수 있는 겁니다.

복지 문제든 어떤 문제든, 우리가 처한 모든 문제를 '양심의 관점'에서 보면 해결할 수 있습니다. 우리나라 국민 중 누군가 한 명이 굶고 있다는데 지금 다른 국민들이 맘 편히 발을 뻗고 잘 수 있나요? 우리가 그런 분들을 세금으로 조금이라도 도와주면 마음이 편할 것 같아서 복지를 하는 것 아닌가요? 이게 '복지의 원형'입니다.

그런데 지금 그런 본질은 어디로 가고, 다들 말단을 가지고 싸우고 있는 것이죠. 서로 싸우느라 복지를 제대로 하지도 못하면서, 또 누가 좀 나서서 복지를 하면 마구 화를 냅니다. "왜 너만 치고 나가느냐? 너만 천사냐?"

이런 모든 문제의 답은 '양심'입니다. 제가 간단하게만 말씀을 드렸지만, 깊이 들어가면 우리나라의 구석구석, 모든 문제가 다 그렇습니다. 우리가 최종적으로 자명한지, 아닌지를 판단하는 기준은 오직 양심입니다. 그래서 '양심의 6원칙'(① 사랑 ② 정의 ③ 예절 ④ 지혜 ⑤ 성실 ⑥ 몰입)을 가지고 판단하면 어떤 분야에서도 자명한 답을 찾을 수 있습니다. 완벽한 답이 있다는 것이 아니라, 우리에게 주어진 상황과 조건에서 '최선의 답'이 분명히 존재한다는 것입니다. 그런 답이 있는데도 택하지 않는 것은 모두 '욕심의 장난질' 때문이지요.

유튜브(YouTube) | 양심의 눈으로 보면 답이 보입니다

양심 오타쿠들의 정치

한 분야에 열중하는 사람을 일본말로 '오타쿠'라고 하지요. '양심 오타쿠'들이 모인 곳에 오타쿠가 아닌 사람이 끼어 있으면 바로 들통이 납니다. 술꾼들의 모임에, 소주 냄새만 맡아도 약간 취기가 올라오는 사람이 혼자 앉아 있다면 티가 나지 않겠습니까? 그렇게 소주 냄새만 맡아도 욱하는 사람이 오타쿠인 척, 진짜 소주를 사랑하는 사람인 척한다는 건 정말 어색한 일이니까요.

저는 '홍익당'이, '양심'을 지키는 것이 정말 즐겁고 보람 있다고 생각하는 사람들의 모임이 되면 좋겠습니다. 양심은 엄청나고 대단한 것이 아닙니다. 사실 상식이 있는 사람들의 모임이지요. 그런 모임에 상식 없는 사람이 끼면 바로 표가 날 것입니다.

홍익당을 통해 "나도 한 자리 해 보자." 하고 찾아온 분이 계시면 바로 드러날 것입니다. 모두가 '양심'을 말할 때 혼자 엉뚱한 얘기를 마구 할 테니까요. 그러면 사실 주변 사람들은 "아! 이분은 욕심꾼인데, 양심 코스프레를 하고 있구나." 하고 다 눈치를 채는데 본인만 모르죠. 바로 그런 사회가 올바른 사회입니다.

그 문화가 만약에 지금 우리나라의 청와대, 국회에까지 도입되면 어떨까요? 욕심꾼들이 바로바로 걸립니다. "저 사람은 자기 욕심을 부리고 있네." "국민을 생각하는 사람이 아니네." 하고 바로 들통이 나겠지요. 그런데 그게 안 되니까 지금은 반대의 상황입니다. 어떻게 되었나요? 양심꾼이 바로 들통 나요. "저 사람 좀 수상하네." "우리 일을 망칠 사람이네." 하고 죽을 때까지 몰아서 자살하게 만들거나, 제거해 버립니다.

욕심꾼들끼리 남으면 서로 정말 편하지요. 그러니 양심꾼 하나가 끼면 죽일 놈 취급을 해서 몰아내 버립니다. 그게 지금 우리 사회의 모습인데, 이것을 반대로 뒤집어 '양심문화'를 만들어 내자는 것입니다. 그러려면 우리부터, 우리 당부터 양심으로 무장하지 않으면 안 되겠죠?

그런데 우리가 재미있게 '양심문화'를 누리고 있으면 국민들도 점점 그 제품을 쓰고 싶어 하게 될 것이고, 그래서 온 국민의 50% 이상이 이 양심 제품을 누리게 되면 그 뒤로는 모든 일이 자연스럽게 일어날 겁니다. 양심적인 세력들이 우리 사회를 리드할 수밖에 없는 큰 흐름이 만들어질 것입니다. 그런 흐름을 우리가 앞장서서 만들어 보자는 것입니다.

결과는 생각하지 말고, 우리가 앞장서서 그런 방향으로 물꼬를 한번 터 보자는 것이죠. 그쪽으로 물고를 트면, 시작은 미미할지 몰라도 아주 강대한 흐름이 형성될 것입니다. 그러면 우리도 살 만해지는 것이죠. 누가 정권을 잡더라도 그 사회에 사는 사람들이 일단 편해질 것 아닙니까? 누가 와서 부당한 요구를 하지 않을 것이고, 탈세한 사람들은 바로바로 잡혀가겠지요.

복지 하나만 해도 자명한 복지가 일어날 것입니다. 무슨 복지건 간에 어려운 사람에게 누가 봐도 합리적인 복지, 양심적인 복지가 되면 되는 것 아닙니까? 어려울 때, 서로 도와가는 그게 중요한 것이지, 당장 어려워 죽겠는데 어떻게 도울지를 가지고 싸우는 게 말이 됩니까?

흉년이 와서 다들 힘들다는데, 빨리 도와서 죽는 사람이 없게 만드는 것이 급한데, "그럼 너희 주장은 보편적 복지를 하자는 거냐?" "모든 집에 쌀을 주자는 거냐?" "아니다." "그럼 어떤 연령층에 주자는 거냐?" 하고 싸우고 있는 것이죠. 그 와중에 '세 모녀 사건'과 같이 단돈 몇 만원 때문에 일가족이 자살을 선택하는 끔찍한 일이 벌어지고 있습니다. 그러면 "그것부터 일단 막자!" 하는 그런 복지가 나와야 하는 것 아니겠습니까?

양심이 빠져 버리면 모든 정책이, 모든 정치 행위가 다 산으로 갑니다. 이제는 양심을 끝까지 지키면서 가는 그런 정치인들이 나오길 바라고, 우리부터 그런 시민이 되어야 하겠습니다.

유튜브(YouTube) | 양심 오타쿠들의 모임

매 순간 올바른 것만 선택하라

수많은 자기계발서나 성공서를 보면, 마치 주인공이 처음부터 성공할 줄 알고서 일을 추진한 것처럼 묘사가 되고 있습니다. 그건 말이 안 됩니다. 우연과 우연이 겹쳐서 성공이 이루어진 것인데 말입니다.

다만 그분들의 공통된 특징은, 계속해서 '씨앗'을 뿌렸다는 것입니다. '자명한 씨앗'을 계속 뿌린 사람은 나중에 반드시 그 씨앗들이 통으로 엮이는 날을 맞이하게 됩니다. 하지만 씨앗을 뿌리지 않으면 수확물이 없고 엮을 것도 없습니다. 제가 볼 때에는 그런 차이뿐입니다.

마음속에 "이건 안 하면 안 되겠다." 하는 생각이 너무 강하고, 그런 느낌이 왔을 때 그냥 해 버리는 성미를 가진 사람들이 우리 사회에서 뭔가를 만들어 냅니다. 그냥 그런 것이지, 그분들이 미래를 내다봤기 때문에 성공한 것이 아닙니다.

저도 여기까지 왔는데, 어떻게 왔는지 모르겠고, 앞으로 어디로 가야 할지도 모릅니다. 다만 제게 한 가지 확실한 것은, 매 순간 제 마음에 '자명한 것'이 있으면 항상 그것부터 한다는 것입니다. 제가 분명히 내일 이것을 하겠다고 계획을 세우고 백 번 천 번 다짐했더라도, 내일 제 마음에 이게 찜찜하고 다른 것이 더 자명하다는 결론이 나면, 계속해서 그걸 했습니다. 그랬을 때 제가 상상하지 못한 결과물이 나오더라는 것이죠.

유명한 성공스토리들을 보면, 뭔가를 하려고 했다가 실제로는 다른 것에서 성공하는 경우가 많습니다. 이걸 하려고 걸어가다가 여기에서는 아무것도 안 보였는데, 더 자명한 다른 것을 발견한 것이죠. 그러니 일단 뭐라도 하겠다고 '작은 씨앗'을 뿌리려고 덤비는 것이 중요합니다.

그렇게 자신의 처지에서 가장 '자명한 것'을 목표로 해서 씨앗을 뿌리다 보면, 갑자기 인생에 더 자명한 수가 나타나는 것이죠. 그러면 거기에 또 투자를 하고, 이런 작업을 계속하다 보면 나중에는 정말로 자명한 것들만 남습니다. 잡스러운 것들은 사라져 가고 점점 자명한 것들이 내 삶을 인도해 갑니다. 나중에는 쓸데없는 걱정이 사라져요. 잡스러운 걱정들이 점점 사라지고 자신이 선명한 길로 인도되고 있다는 기분으로 나아가게 됩니다.

저는 지금 제가 하는 일 외에는 "이걸 할까? 저걸 할까?" 하고 걱정을 하지 않습니다. 이 일을 더 잘할 걱정만 하지요. 매 순간 더 자명한 게 나타나면 언제든지 또 그것을 따라갈 것입니다. 그러니까 내일 일도 제가 미리 말씀드릴 수가 없습니다. 현재 제 에고는 내일 대략 이 방향으로 가겠다는 그림을 그리고 있다는 정도만 말할 수 있을 뿐이지, 실제로 내일에 닥쳐서 무엇을 할지는 모르는 겁니다. 더 자명한 것이 있으면 그것을 할 것이거든요.

이렇게 무엇이든 '자명한 것'을 감당할 수 있는 마음을 만들어야 합니다. 뭔가 다른 것을 해 보라고 하면, "차라리 내가 계획한 대로 하는 게 낫지." "나는 불안해서 그렇게는 못 하겠다."

하는 생각이 먼저 드는 게 당연하지만, '양심성찰'을 자꾸 하다 보면 '자명·찜찜'의 판단이 익숙해져서 점점 쉽게 결정할 수 있게 됩니다.*

유튜브(YouTube) | 성공서의 오류

---

* '양심성찰'은 본서 부록의 '양심성찰의 6가지 원칙'과 '양심성찰의 방법' '양심노트'를 참고하십시오.

오타쿠 세상이 온다

　'홍익학당'과 '홍익당'은 한국의 모든 지식기반 사업에 인간에 대한 업그레이드된 지식을 무상으로 제공함으로써, 우리나라의 수준을 끌어올리는 데에 기여하고 싶습니다. 그러면 단순히 우리나라의 '문화수준'만 올라가는 것이 아니라, 지식에 기반을 둔 기업들의 문화수준이 높아져 세계적인 기업으로 성장할 수도 있습니다.

　그런데 이런 일을 담당할 적임자들이, 제가 볼 때에는 '오타쿠'들이에요. 전문 지식은 오타쿠들이라야 빨리 흡수합니다. 하기 싫은 일을 억지로 하고 있는 사람은, 그 일을 평생 한다고 해도 그 분야에서 '전문성'을 갖추기 힘듭니다. 반면 지금 놀고 있는 사람이라 하더라도, 한 분야에 몰입하는 사람들이 전문적인 지식을 갖추기 쉽죠.

저도 비슷한 경우이지만, 지금 수많은 백수 오타쿠들이 유튜브를 통해서 '부가가치'를 창출하고 있습니다. 유튜브에 자기가 갖고 있는 지식을 소개함으로써 다른 사람들에게 엄청난 도움을 주고 있어요. 그렇게 부가가치를 창출하는 존재가 '보살'(문화메이커)입니다.

인류에게 도움이 되는 '부가가치'를 만들어 내지 못하면 보살이 아닙니다. 보살은 무엇보다 쓸모 있는 사람이니까요. 각 잡고 앉아 있다고 해서 보살이 아니라, 현 시대에 무엇 하나라도 보탬이 되어야 보살인 것이죠. 누군가에게 보탬이 되는 일을 했다면 부가가치를 창출한 것입니다.

여러분이 표정이 좋지 않은 가족을 웃게 만들었다면, 그게 곧 부가가치를 창출한 것이 됩니다. 누가 웃음이라는 것을 그냥 주나요? 개그맨들이 평생에 걸쳐 연구하는 것이 웃음을 주려는 것인데, 그게 사소한 것 같아 보이지만 실은 엄청난 일이라는 것을 알아야 합니다.

우리가 박찬호 선수를 대단하다고 생각하는데, 그분이 평생 한 일이 뭐죠? 글러브에 공을 넣는 겁니다. 김연아 선수는 스케이트를 잘 타는 것뿐이고요. 그 일 자체만 놓고 보면 아무것도 아닐 수 있어요. 그런데 '부가가치'라는 것은 단순히 그 일에만 달린 것이 아니라, 그 일을 해냄으로써 많은 사람들에게 '감동'을 주는 것이 결국 핵심입니다.

다른 사람들에게 감동을 주고, 도움을 주고, 살맛나게 해 주었다면, 부가가치를 창출한 것이죠. 이런 관점에서 보면, 가정에서 주부가 어마어마한 부가가치를 창출하고 있는데, 우리는 그것의 가치를 잘못 계산하고 있죠.

부가가치는 현재의 계산이 아니라, '양심법'에 의한 계산을 따릅니다. "부가가치를 창출하는 사람이 보살이다." "나의 직업은 보살이다."라고 생각하면, 당장은 돈이 들어오지 않더라도 우리가 할 수 있는 일이 정말 많아집니다.

유튜브(YouTube) | 오타쿠 세상이 온다

양심문화를 끌어올리자

'알파고'가 아니라 아무리 좋은 게 나와도 사람들이 좋은 심보로 사용하면 모두가 사는 것이고, 나쁜 심보로 사용하면 다 같이 죽는 겁니다. 그러니까 1차적으로 자기 심보 관리는 자기가 하되 사회도 도와줘야 합니다.

우리나라의 가장 후진 분야가 '문화'입니다. 남을 배려하는 문화가 없어요. 인간이 할 수 있는 제일 귀한 일은 '양심'입니다. 알파고도 양심을 어떻게 알겠습니까? 그런데 인간은 자명한지, 찜찜한지를 바로 알잖아요.

인간들이 돌아다니면서 무엇이 더 아름답고, 무엇이 더 선한지, 무엇이 더 진실인지, 즉 '진眞(진리) · 선함(善) · 아름다움(美)'를 파악해서 인류를 아름답게 꾸미는 작업을 하라고 알파고도 개발되고 하는 것이죠. 그런데 꼭 그렇게 아름답게 쓰이지만은 않을 것 같으니까 여러분이 미래에 대해 두려움을 느끼시는 것 아닌가요?

현재의 인간의 심보로 봤을 때, 알파고 아니라 뭐가 나와도 인류가 그걸 좋게 쓸 리가 없다는 생각이 드니까 두려운 것입니다. 결국 우리는 알파고를 두려워하고 있는 것이 아니라, 사람을 두려워하고 있는 것입니다. 알파고를 갖고 있는 사람들의 마음을 두려워하는 거죠. 인공지능을 인류를 위해서가 아니라, 자신을 위해서만 쓰려는 '양심 없는 그 마음'이 무서운 것입니다.

유튜브(YouTube) | 양심문화를 끌어올리자

약자를
배려하는
사회를 만들자

지금 우리 사회를 진단해 보면, 강자에게서 당하고 약자를 짓밟음으로써 화풀이를 하는 쪽으로 달려가고 있는 게 현실입니다. '약자'라는 것이 별 게 아니라, 나를 기준으로 나보다 어떤 부분에서 약자라는 의미죠. 힘이 나보다 약하면 약자인 것이고, 나보다 돈이 없으면 그게 약자가 되는 것입니다.

요즘 '약자'를 괴롭히는 경향이 아주 심해지고 있는데, 그것은 이 사회가 매우 건강하지 못한 방향으로 가고 있다는 증거입니다. 우리 사회의 병이 깊어져 가고 있다는 사실은 인정해야 합니다. 일단 인정을 해야 답을 찾을 수 있으니까요.

그렇다면 우리 사회가 다시 건강해지려면 어떻게 해야 될까요? 약자를 배려하는 문화로 바뀌어야죠. 그러면 누군가는 제게 이렇게 말할 겁니다. "사회 구조를 바꿀 생각은 안 하고 왜 정신만 자꾸 붙잡자는 것이냐?" "그래서 난 힐링이 싫더라." 하지만 그런 의미가 아니라, 현실을 바꾸려면 '정신'을 먼저 챙겨야 한다는 것을 말한 것뿐입니다. 그것이 이 병증에 대한 '근본 처방'이니까요.

"나라도 양심을 지키자." 하고 양심지킴이로서 각오를 세워 보세요. 양심지킴이가 뭡니까? 강자가 되더라도 약자를 배려하는 사람 아닌가요? 한 분이라도 그렇게 선언하신 분들이 각성해야 하고, 그런 분들이 우리 사회 전체의 구조를 뜯어고쳐야 합니다. 먼저 각성한 사람들이 각자 자기 자리에서 양심을 구현하는 것이 최선입니다. 그러면서 이 사회의 전반적인 문화가 약자를 배려하는 문화로 변해 간다면, 지금 이런 병증도 해결할 수 있지 않을까요?

중요한 순간에라도 '자명·찜찜'을 따져 본 사람이라면 약자에게 함부로 하지 못할 것입니다. 자기보다 힘이 약하다는 이유로, 계급이 약하다는 이유로, 자기가 뭔가 상대방보다 우위를 점한 것이 있다는 그것 하나를 가지고 그렇게 상대방을 못살게 굴고, 짓밟고, 죽이는 그런 일은 차마 하지 못하는 문화를 만드는 것이 중요합니다. 그러면 우리 사회가 건강해질 수 있습니다. 그런 희망을 버리지 마시기 바랍니다.

유튜브(YouTube) │ 강자한테 당하고 약자한테 화풀이하는 세상

서비스 업체는 믿지 말고 계속 감시하자

최선을 다해서 국민이 먼저 울부짖어야 합니다. 여든 야든, 서비스 업체들은 너무 믿지 마세요. 기본적으로 자기들이 당선되고 싶은 욕심이 있는 사람들이라, 자기에게 유리하면 움직이고 불리하면 움직이지 않습니다.

국민들은 그걸 알더라도 외쳐야 합니다. 강력하게 서비스 개선을 요구하면, 서비스 업체가 돈을 받으려고 움직입니다. 이렇게 해서는 장사가 안 되겠다 싶으면 바로 또 움직입니다. 귀신같이 의견을 잘 바꾸고, 금방 바꾼 대로 또 움직이죠.

지금은 과거로부터의 고리를 끊어야 하기 때문에 우리가 나서야 합니다. '양심혁명'은 이미 시작되었습니다. 원하건 원치 않건, 이미 우리는 최악의 상황에 빠져 있거든요. 대통령의 지지율이 역대 최저인데, 이것은 민심이 한 목소리로 말하고 있는 겁니다. 국민의 90% 이상이 나라꼴이 잘못됐다고 생각하고 있는 것이죠.

이것은 단지 대통령만의 문제가 아닙니다. 함께 어울려서 국민에게 빨대를 꽂고 착취하던 사람들이 어디 한둘인가요? 그리고 그런 것을 지켜보면서도 큰소리 한번 제대로 못 치던 야당들도 책임이 있죠. 야당은 자꾸 몰랐다고 하는데, 말이 안 되는 소리죠. 여당만 지적할 게 아니라, 야당에게도 책임을 물어야 합니다. 그동안 국민을 위해서 도대체 무엇을 했는지를 말입니다. 국민을 위해 최선을 다해서 목숨을 걸고 일했는지 꼭 따져 봐야 합니다.

그런데 다들 자꾸 꼼수를 두고 있어요. 국민을 위해서 최선을 다해 서비스하는 모습을 보여 달라는 것이 국민의 요구인데, 그렇게 해 주지 않지요. 그러다가 필요할 때에만 갑자기 땀 흘리면서 진흙탕에 들어가 일하는 모습을 보여 줍니다.

그래서 국민이 감동한 것 같으면, 그렇게 해서 얻을 것만 얻고 바로 일어나 손 털고 가 버리죠. 국민들은 계속 이런 식으로 속는 겁니다. 이런 일을 계속 당하지 않으려면, 누구도 믿지 말고 감시하고, 외쳐야 합니다. 그리고 무엇보다 '양심적인 정치인'을 뽑아야 합니다.

유튜브(YouTube) | 양심혁명은 시작되었다!

국민 모두에게 누가 이익인가?

"국민 모두에게 누가 이익인가?" 항상 이런 관점에서 접근하면 '올바른 사람'을 알아보고, '올바른 정당'을 알아볼 수 있습니다. 지도자가 늘 '공익'을 먼저 생각하면, 그 나라에 사는 국민들의 행복감이나 만족감이 매우 높을 수밖에 없습니다.

'정치'라는 것은 '공적인 서비스'이고, 그 서비스의 최종 목표는 '고객만족'입니다. 우리가 집에서 쓰는 제품 하나를 고쳐도 나중에 기업에서 '매우 만족'부터 '매우 불만'까지 서비스 만족도를 체크하지요. 우리나라의 정치를 그런 식으로 체크하면 어떻게 될까요?

'매우 만족'일까요, '보통'일까요? 솔직히 자기는 불만인데도 불만 세력들이 판을 칠까 봐 '매우 만족'을 일부러 선택하는 사람도 있고, 조금은 만족해도 "아니야, 이 정부는 타도해야 해!" 하고 무조건 '매우 불만'을 선택하는 사람도 있겠죠.

저는 이런 상황 자체가 좋지 않다는 생각입니다. 우리나라가 계속 이런 식으로 흘러가면 국민 전체의 행복지수는 자꾸 떨어질 거예요. 누굴 찍든지 불행하게 돼 있다는 것이죠. 실제로는 불행하니까 여러분이 자꾸 누군가에게 매달리는 것입니다. "이 사람을 찍어 주면 나를 좀 살 만하게 해 주지 않을까?" 하고 말입니다. 그런데 자기가 찍었던 당이나 사람에게 당하고 또 당해도 "그렇다고 저쪽을 찍을 수는 없지 않나?" 하고 또 찍어 줍니다. 이런 심리는 상당히 위축되고 불행한 마음인데, 그것을 악용하는 정치인들이 있습니다. 그래서 여러분이 이러지도 저러지도 못하는 것이지요.

그런데 진정한 민주시민인 '양심지킴이'라면, 그런 상황 속에 사는 것을 즐길 수 있을까요? 그 굴레를 깨고 나와서 더 넓은 시야로 봐야죠. 세상에서 아무리 "이렇게 안 하면 죽는다!" 하고 '각종 함정'으로 위협해 와도, 여러분은 그것에 초연해야 합니다. 이것이 불가에서 말하는 '선禪의 정신'입니다. 이런 시각이 아니면, 복잡다단한 이 현상계의 문제를 전혀 풀 수 없습니다.

유튜브(YouTube) | 정치 - 국민 모두에게 누가 이익인가?

민주시민으로서 할 수 있는 작은 실천부터 하자

　어떤 일이 있어도, '민주주의' 자체가 무너지는 것은 막아야 합니다. '양심'이 땅에 떨어지는 것은 막아야 합니다. 양심을 더 잘 지키기 위해 서로 갈등하고, 싸우는 것은 얼마든지 환영할 일입니다. 그것은 우리가 인간사에서 피할 수 없는 부분이기도 합니다. 하지만 비양심적이고 민주주의를 해치려는 사람들이 횡행하고 힘을 부리는 상황은 막아야 합니다.

　그러니 무엇이 더 최악인지 또 어떤 게 더 최선인지를 늘 연구해야 합니다. 밤에 '명상'만 하지 마시고 '양심성찰'을 통해 내 개인의 문제건 나라의 문제건 분석을 해 보세요. '민주民主'라고 하면 내가 곧 나라의 주인인데, "내가 주인이라면 이런 사람은 절대 쓰면 안 될 것 같아." "우리 사회에서 이런 일이 일어나게 방치하면 안 되지." 이런 생각도 진지하게 해서 조금이라도 우리 사회에 일조해야 하지 않을까요?

이렇게 '양심성찰'을 통해서 무엇 하나라도 선명해졌다면, 만악의 주범인 '비양심'을 막기 위한 '양심운동'에 최선을 다해 보세요. 그게 오늘 여러분이 하셔야 할 미션입니다. 지금 국민적으로 그런 수를 놓지 못하고 있다는 사실이 참 안타깝습니다.

국민이 계속해서 지혜롭고 현명하게 수를 놓으면 얼마든지 우리 사회가 달라질 수 있습니다. 제일 심각한 문제라고 여겨지는 것부터 국민적으로 저항하고, 잘못되었다는 사실을 주변에 널리 알리십시오. 그렇게 작은 일부터 시작하는 것도 훌륭한 양심운동입니다.

그런 작은 선택이 모여서 나라의 운명이 실제로 바뀌는 것을 체험해야, 우리가 진짜 민주주의 사회에 사는 것이 됩니다. 민주주의 사회에서는 거저 살 수 있는 것이 아니라, 모두가 끝없이 노력해야 한다는 사실을 온 국민이 공부해야 합니다. 학교에서도 '민주주의'를 피상적으로 가르쳐 주기만 할 것이 아니라, 그런 '민주시민의 자세'부터 가르쳐 주어야 한다고 생각합니다.*

또 우리가 어떤 선한 씨앗을 뿌려야, 즉 어떤 선택을 해야 국민 전체가, 나라 전체가 선한 열매를 맺을 것인지를 알 수 있는 '인과법칙'에 대해서도 선명하게 가르쳐 주어야 합니다. 그렇게 함으로써 국민이 일상에서 그런 법칙을 적용할 수 있게 도와주는 것이 진정으로 올바른 '민주시민 교육'이라고 생각합니다.

유튜브(YouTube) | 민주시민의 몫

---

* **교육기본법 제2조(교육이념)**
 교육은 '홍익인간의 이념' 아래 모든 국민으로 하여금 인격을 도야하고 자주적 생활능력과 민주시민으로서 필요한 자질을 갖추게 함으로써 인간다운 삶을 영위하게 하고 민주국가의 발전과 인류공영의 이상을 실현하는 데에 이바지하게 함을 목적으로 한다.

위기는 기회, 양심으로 합심하자

과거에 우리가 서로 어떻게 싸웠고, 어떻게 반목했고, 어떻게 당파 싸움을 했는지는 중요하지 않습니다. 지금부터 우리가 '양심' 하나로 합심해서 양심적으로 당당한 결정을 해 가면, 우리의 역사는 분명히 바뀝니다. 국민 모두가 살 만한 세상에서 살다 갈 수 있게 될 것입니다. 그런데 지금 아무도 그렇게 움직이지 않고 있다는 것이 문제입니다.

게다가 이제 우리 사회의 모든 문제가 적나라하게 드러났는데도 여전히 '비양심적인 판단'을 선동하고 있는 정치인들이 있습니다. 그런 모습을 보면 야당이건 여당이건 답답하지요. 지금은 그렇게 자기가 모시는 어떤 한 교주를 위해서 움직일 때가 아니니까요.

정치인들이 합심하자고 말로 떠든다고 해서 정말로 합심이 되는 게 아닙니다. 합심은 오직 나와 남 모두를 위하는 '공심公心'인, '양심' 안에서만 이루어질 수 있어요. 국민이 정치인들에게 요구하는 것도 그것이죠. 정당들도 무리하게 합칠 필요가 없습니다. 그건 '욕심'으로 합치는 것일 뿐이니까요. 그럴 게 아니라 양심으로 합심하자는 것입니다. "무슨 일이 있어도 양심을 지키자!"라는 그것에 대해서 서로 합의를 하자는 것이죠.

'조직'이 아무리 많아도 모두가 양심을 지키게 되면 마치 한 덩어리처럼 움직일 수밖에 없습니다. 왜냐하면, 누군가 '자명한 주장'을 하면 양심에 따라 모두가 동의할 수밖에 없으니까요. 정말로 국익을 위하는 정당들이라면, 힘없는 소수 정당이 주장한 것이더라도 그게 국익에 맞으면 따를 것입니다.

그런데 지금 우리나라 정치인들은 그렇게 하지 않고 욕심을 따르니까 문제입니다. 각자의 '정치적 계산', 즉 '욕심'을 따르면서 거죽만 합쳤다 떨어졌다 하는 것은 아무 의미가 없습니다.

그런데 이런 위기 상황이 저는 오히려 좋은 계기가 될 수 있다고 봅니다. 지금 '최악'이라고 다들 절망하시는데, 제가 봐서는 곪은 게 터진 것이지 최악이 아니에요. 곪은 것이 터졌으니 이제 치료만 잘 하면 됩니다. 우리의 선택에 따라 얼마든지 더 안 좋아질 수도 있습니다만, 아주 건강해질 수도 있습니다.

어떻게 보면 지금 박근혜 대통령 덕분에 우리나라가 '합심'이 됐어요. 그동안 이런 일이 없었는데, 처음으로 여야가 합심되고, 진보 언론과 보수 언론이 하나가 됐습니다. 이렇게 서로 다 하나가 되었어도 누군가가 자기 욕심을 부리기 시작하면 다 찢어지겠죠. 이제는 그러지 말고, 이런 기회에 우리가 '양심'에 가장 걸리는 것부터 하나씩 제거해 가면 되지 않나 생각합니다.

유튜브(YouTube) | 위기는 기회, 양심으로 합심하자!

함께 양심사회로 가자

우리가 다른 것은 못 해도 누군가의 양심적인 행동에 대해, "그게 옳은 것이고, 그게 자명한 거야!"라고 계속해서 기원하고, 응원하면 우리 사회는 반드시 바뀔 것입니다. 여러분이 또 '홍익당'을 그런 마음으로 응원해 주시면 분명히 우리가 함께 큰일을 해낼 거라고 생각합니다.

홍익당이 뭔가 일을 해내면 우리나라가 재미있어질 것입니다. 다른 선진국들의 좋은 제도가 자명하다면 우리나라에서 실험해 볼 여지도 생길 것입니다. 정치는 꼭 비싼 돈을 들여야 할 수 있는 것이 아닙니다. 마음이 있으면 하는 것이죠.

'양심문화'가 보편화되면 우리나라에서 세종과 같은 인물들이 쏟아져 나올 것이라고 확신합니다. 그리고 대를 이어 그런 지도자가 선출되도록 만들어야 합니다. 한 번 나왔다가 사라지면 안 됩니다. 그러려면 국민도 '양심'을 알아야 하고, 정치가, 공직자, 판·검사, 언론인 모두가 양심을 알아야 합니다.

이렇게 양심이 무서운 줄 아는 사회로 만들어 가는 데에 홍익당이 조금이라도 역할을 할 수 있기를 바랍니다. 우리가 모여서 작은 양심 운동을 한 것이 밑거름이 되어 더 큰일도 이룰 수 있습니다. 역사책을 보면, 몇 명이 모인 데에서 천하를 얻는 방략이 나오고, 힘이 나오고, 조직이 나옵니다. 수백 명이 모였다면 아주 크게 모인 거예요. 유비·관우·장비 이렇게 3명만 모여도 새로운 역사가 시작됩니다.

우리가 양심으로 도원결의하는 마음으로 한 뜻을 품는 것 자체로, 이 지구가 어떻게 변할지 모릅니다. 강력하게 깨어서 기원을 하면 더 힘이 있습니다. "양심을 지키겠다!" "양심의 6원칙을 따르는 삶을 삶으로써 나와 가정과 사회, 인류 전체에 큰 변화를 주겠다!" "좋은 업을 짓겠다!" 우리 함께 이런 마음을 더 강력하게 기원해 봅시다.

유튜브(YouTube) | 함께 양심사회로 갑시다

이제는 철학적 민주주의가 필요하다

여러분이 청문회나 뉴스 같은 프로그램을 보면서 "정치인들이 저따위로 하면 안 되지." 하고 분노했다면, 결국 여러분은 본인은 모르고 있더라도 정치에 대한 어떤 철학적 입장을 갖고 계신 것입니다. '올바른 정치'가 존재한다는 것을 받아들이고 있는 것이죠.

그런데 지금 우리나라 국민들은 모순된 상태에 빠져 있습니다. 스스로 원하기는 '철학적인 민주주의'를 원하면서, 실제로는 현실에 끌려가고 계신 것이죠. 만약 정치에 대해 원하는 것이 현실적인 것이 전부라면, "현실은 이런 거야." 하면서 만족하고 가야 하는데, 왜 계속 분노하시나요? 뭔가 문제가 있지요?

이건 마치 몸이 아파서 병원에 온 사람에게 의사가 "이 약을 드시면 고칠 수 있어요." 하니까 "사람이라는 게 늘 아픈 것 아닌가요?" 이런 얘기를 계속하는 상황과 같습니다. "고치는 법이 있어요. 이 약만 드시면 나아요." 해도, "그런데 그게 가능한가요? 현실이라는 건 늘 아프면서 성장하는 것 아닌가요?" 이런 말만 계속하는 것과 같은 것이죠. 그런데 그런 분이 약을 먹고 병이 나으면 어떻게 될까요? "왜 진작 약을 먹지 않았을까?" 하고 후회합니다.

인류 역사상 수많은 성인과 철인들이 정치 현상에 대해 내린 본질적인 해법은 이것입니다. '진정한 철학자'가 정치를 하면 된다는 거예요. 이것을 서양에서는 '철인哲人정치', 동양에서는 '도학道學정치'라고 하는데요, "철학자가 정치를 시행하기만 하면 인류는 반드시 산다!" 하고 많은 뛰어난 사람들이 주장해 온 것입니다. 그런데 인류는 지금까지도 이것을 미루고 있지요.

"잠깐만요, 조금만 더 해 보고요." "일단 소시오패스들과 더 해보고 얘기하겠습니다." 하는 것이죠. 그러다가 우리가 이런 상황까지 온 겁니다. 저는 이제 우리 민족이 결정을 내려야 할 때라고 봅니다. 계속 그렇게 참고 살 것인지, 아니면 이번 기회에 근본 뿌리를 한번 치료할 것인지를 말입니다.

지금 우리 사회는 온몸 구석구석에 암이 전이된 상태와 같습니다. 어디로 파고 들어가도 암을 만날 수밖에 없는 상황이에요. 그러다가 이번에 제대로 병증이 드러난 것이죠. 그런데 치료법이 있어요. 그 치료법을 '홍익당'은 갖고 있습니다. 치료법만 가지고 있는 마음이 정말 찜찜하기 때문에, 모두에게 공개하고 "우리 함께 병을 고쳐봅시다." 하고 나서는 것입니다. 저는 가만히 있을 수만은 없어서 이렇게 말씀드리지만 선택은 국민이 하셔야 합니다.

그런데 환자가 "저는 좀 더 참아 볼게요." 하고 나오면 의사가 강제로 약을 투약할 수도 없고, 어쩔 수 없잖아요. 다만 약을 먹고 싶게 만드는 것은 우리의 책임이니까 "이 약을 드시면 금방 낫습니다." 하는 얘기를 계속해야 한다는 것입니다. 환자들을 설득해야 합니다.

유튜브(YouTube) | 율곡에게 배우는 국가경영의 지혜

정치인에게 바란다

국민이 모든 정치인에게 바라는 것은, 자신의 이해타산을 떠나서 '민심'을 정확히 읽어내고 따르라는 것입니다. 민심은 '욕심의 충족'도 중시하나, 근원적으로 '양심의 충족'을 원합니다.

승리를 원하나 경쟁이 공정하기를 원하고, 성공을 원하나 노력한 사람이 대가를 받기를 원하며, 악의 유혹에 흔들리나 선이 악을 바로잡기를 원합니다.

정치인들은 작금의 시국을 향하는 민심의 본질을 꿰뚫어 보고, 국민의 양심을 충족시키기 위해 최선을 다해야 합니다. 이것이야말로 정치인이 존재하는 이유입니다.

국민의 마음 안에서 타오르는 '양심'이 바로 민심의 본질입니다. 다른 것은 고민하지 맙시다. 국민의 양심이 원하는 바를 정확히 읽어 냅시다. 국민의 양심을 만족시킬 창조적 해법을 제시합시다. 그리고 모든 평가는 국민의 양심에 맡깁시다.

정치인들이여, 이보다 뭣이 더 중한가?

'양심의 명령'을 어기고 만고의 역적이 될 것인가? 양심의 명령을 따르고 민중의 리더가 될 것인가? 판단은 여러분의 손에 달려 있습니다.

홍익인간 이념을 실천하자

　과학자가 '과학적 진리'를 탐구하듯이, 군자와 보살은 '영적 진리'(철학적 진리)를 탐구합니다. 영적 진리는 우주와 인간의 본질에 대한 진리입니다. 영적 진리의 탐구는 영적인 세계를 대상으로 하기에, 과학적 진리의 탐구보다 훨씬 엄격한 엄밀성이 요구됩니다. 영적 진리가 과학적 진리보다 무시되는 사회는, 반드시 영혼의 균형을 잃게 마련입니다. 왜냐하면, 인간은 본질적으로 영적 진리에 입각하여 하루하루를 살아가고 있으니까요.

　'사랑'과 '정의', '예절'과 '지혜'를 빼고서 우리의 삶을 설명할 수 있을까요? 인간이 지닌 타고난 '사랑하고 공감하는 능력'이 없이 우리 사회가 성립될 수 있었을까요? 타고난 '정의감'이 없이 법이 존재할 수 있었을까요? 타고난 '예절을 표현하는 능력'이 없이 문화가 존재할 수 있었을까요? 타고난 '시비 판단능력'이 없이 학문이 성립될 수 있었을까요? 인류가 역사적으로 이루어 낸 모든 문화적 성취는, 결국 인간이 갖추고 있던 '양심'과 양심에 새겨진 '본성'에 의해서 가능했던 것입니다.

따라서 우리 내면에서 들리는 '양심의 명령'이야말로, 인류의 모든 문화를 지도하는 이념이며, 우리가 알아야할 최고의 영적 진리입니다. 양심에서 샘솟는 지혜와 사랑은 온 우주를 밝히고도 남을 정도로 무한합니다. 우리 양심이 바로 우주의 하느님과 하나로 통하기 때문입니다. 그런 양심의 명령은 간단합니다. 자신이 상대방에게 받기를 원하는 것을 상대방에게 베풀며(사랑), 자신이 상대방에게 받고 싶지 않은 것은 상대방에게 가하지 말라(정의)는 것입니다. 우주는 본래 하나이며, 인간은 서로 사랑해야 합니다.

그러니 이러한 '양심의 명령'이야말로, 우주와 인간의 본질을 함축하는 진리입니다. 무지·아집의 욕심을 정화하여, 이 진리를 온전히 이해하고 체득하는 것이 '영적 탐구'의 핵심입니다.

인의예지는 과연 자명한 진리인지? 양심은 인의예지에 합당한 것만 명령하는지? 내 영혼을 인의예지로 경영할 수 있는지? 인간관계를 인의예지로 다스릴 수 있는지? 우주는 인의예지로 굴러가는지?

이런 주제들에 대해 간절히 탐구해 보십시오. 영적 탐구는 자신의 영혼을 실험실로 삼고, 무지와 아집을 제거하여 양심을 온전히 복원할 때 성공할 수 있습니다. 영적 탐구를 통해 자명하게 체득한 '영적 진리'는, 우리의 삶을 지도하고 인도하는 '인간의 길'입니다.

무지와 아집을 제거하여, 양심의 명령을 선명하게 알아차리는 '지혜'와, 양심의 명령을 온전히 실천하는 '실천력'을 스스로 갖추어야만, 우리는 양심의 충실한 대변인이 되어 '영적 진리의 화신'이 될 수 있습니다.

동방 고대문화의 정수는 모든 사람이 '양심'을 온전히 밝혀 천하를 이롭게 하자는 것이며, 이것이 바로 '홍익인간'이라는 숭고한 가르침입니다. '양심'을 온전히 발휘하여 홍익인간을 실천하는 것이야말로, 동방 고대문화의 정수를 온전히 계승한 우리 겨레의 사명일 것입니다.

우리는 양심에 뿌리를 둔 수준 높은 문화를 전 세계에 선보여서, 길을 잃고 헤매는 모든 인류에게 '인간의 길'을 명확히 제시할 수 있어야 합니다. 이것이 온 천하를 화평으로 인도하는 최고의 비결입니다. 오직 '양심'이라야 천하에 두루 통할 것입니다. 이러한 수준 높은 문화를 제시하여, 온 인류를 올바른 길로 인도할 수 있을 때, 우리나라는 전 세계 문화의 근원이 되고 목표가 되며 모범이 되는 '문화강국'이 될 수 있을 것입니다. 백범白凡 김구金九(1876~1949) 선생께서 『나의 소원』에서 하신 말씀을 음미해 보시기를 권합니다.

"지금 인류에게 부족한 것은 무력도 아니요, 경제력도 아니다. 자연과학의 힘은 아무리 많아도 좋으나 인류 전체로 보면 현재의 자연과학만 가지고도 편안히 살아가기에 넉넉하다. 인류가 현재 불행한 근본 이유는 '인의仁義'가 부족하고 '자비慈悲'가 부족하고 '사랑'이 부족한 때문이다.

이 마음만 발달이 되면 현재의 물질력으로 20억이 다 편안히 살아갈 수 있을 것이다. 인류의 이 정신을 배양하는 것은 오직

'문화'이다. 나는 우리나라가 남의 것을 모방하는 나라가 되지 말고, 이러한 높고 새로운 문화의 근원이 되고 목표가 되고 모범이 되기를 원한다. 그래서 진정한 세계의 평화가 우리나라에서, 우리나라로 말미암아서 세계에 실현되기를 원한다. '홍익인간弘益人間'이라는 우리 국조 단군의 이상이 이것이라고 믿는다."

(『나의 소원』)

홍익인간 이념을 완수하자

국가는 소수에게만 이로운 '소아적 효율성'을 추구해서는 안 되며, 반드시 '정의'(양심의 만족)를 이롭게 여겨 모든 백성에게 이로운 '대아적 효율성'을 추구해야 합니다.

백성의 부모 된 마음을 가진 리더는 자신이 피해를 볼지언정, 백성에게 피해를 주지는 못합니다. 한 나라의 군주가 자신의 소아적 이해관계만을 추구한다면 백성의 원성을 사서 민중을 잃고 천명天命을 잃게 될 것입니다. 군주는 백성 전체의 이해관계와 하나로 통하는, 자신의 양심의 이해관계를 늘 중시하고 따라야 합니다. 그래야 백성들이 그를 믿고 따를 것이며 부모로 여길 것입니다.

이러한 사회를 이루기 위해서는, "남도 나와 같이 사랑하자!"라는 '양심의 길'이 사회 전체의 실천 강령이 되어 있어야 합니다. 따라서 국가는 늘 '욕심의 만족'보다 '양심의 만족'을 진정한 국익으로 여겨야 합니다.

'경제'에 조금 밝다고 해서 '약육강식주의자'인 소인들이 사회의 전권을 쥐게 해서는 안 되는 것입니다. '홍익인간주의자'인 군자들이 사회의 전면에 나서서, 정치 · 경제 · 교육 · 문화 곳곳에서 공익과 사익을 냉정하게 저울질하여 하나씩 하나씩 바로잡을 때, 더불어 잘사는 대동사회가 이루어질 것입니다.

무엇보다 남과 나의 입장을 바꿔 생각해보는 '역지사지易地思之'의 전문가들이 사회의 일선에 나가야 합니다. 그래야 참다운 '민주주의民主主義', 말 그대로 백성이 주인이 되는 세상이 열릴 것입니다. 진짜 백성들이 사람대접을 받는 세상, 그것이 바로 민주주의입니다. 그날은 언제쯤 이루어질까요?

우리가 "남도 나와 같이 사랑하자! 내가 당하기 싫은 것은 남에게 가하지 말고, 내가 받고 싶은 것을 남에게 베풀자!"라는 '양심의 길', 즉 환웅 이래 우리의 국시인 '홍익인간 이념'을 널리 시행할 때, 그날은 반드시 오고야 말 것입니다. 이것은 "뿌린 대로 거두리라!"라는 인과법칙에 의거해 보아도 아주 필연적인 귀결이라고 할 수 있습니다.

 '홍익인간 이념'의 잣대로 기존의 모든 정책들을 재점검하여 '소수에게만 유리한' 불합리한 정책들은 과감히 버리고, 오직 '나에게도 좋고 남에게도 좋은' 정책들만을 정수로 남겨서 실천해 간다면, 머지않아 우리는 대동의 새로운 사회에 진입하게 될 것입니다.

유튜브(YouTube) │ 고전콘서트-대학

악을 미워하라

유학儒學에서는 악을 미워하지 않는 사람은 선을 좋아하는 사람이 아니라고 봅니다. "나는 악인도 괜찮아." "나는 악을 배격하지 않아." 이런 태도의 사람은 선도 그렇게 좋아하지 않는 사람입니다. 그게 아주 포용력 있고 자비로운 모습 같지만, 그건 악이 가지고 있는 위험성을 모르는 데서 생겨난 오해입니다.

이것은 "나는 병균도 괜찮아. 병균도 포용할 거야." 하는 상황과 다를 바가 없어요. 몸에 병균이 들어와서 우글거리는데, "괜찮아, 병균도 다 생명 아닌가?" 하고 말씀하실 건가요? 그냥 마음을 다스리는 차원에서야 그럴 수 있겠지만, 문제는 죽는다는 거예요. 한 나라의 정치가가, 즉 국민의 생명을 책임지는 자리의 사람의 입에서 "악인도 다 우리 국민 아닌가?" 하는 말이 한가로이 나와선 안 되는 것이죠. 그 악인 하나가 여러 국민을 헤치고 있다는 사실을 알아야 합니다.

그래서 우리는 '악'을 미워할 줄 알아야 합니다. 무엇이 문제인지를 정확히 아는 사람이 되어야 합니다. 그래야 '선'을 택하는 사람이 될 수 있습니다. 이런 이유로 유학에서 악을 미워하지 않는 사람을 믿지 않는 것입니다. 그 사람은 선을 좋아하지 않는 사람이니까요. 유학에서 추구하는 이상적인 인간형은 '호선오악好善惡惡'하는 사람, 즉 악을 미워하고 선을 좋아하는 사람입니다.

군주가 되어서 간신배들이 넘치는데, "간신배들도 내 신하다. 누구든 말해 봐라." 하면서 간신배들이 쓰레기 같은 말을 맘껏 하도록 방치하면 어떻게 될까요? 그런 말을 자꾸 듣다 보면 결국 군주도 넘어가게 됩니다.

처음 들을 때에는 '양심' 때문에 반발했다가도 여러 번 듣다 보면 세뇌되고 중독되어 끌려가는 것이지요. 그래서 나중에는 그런 말을 들어야 오히려 마음이 편안해지는 지경에 이르니, 군자가 어떻게 조정에서 편하게 설 수 있겠습니까? 양심경영 전문가가 어떻게 그 정치에 참여할 수 있겠습니까?

소시오패스들이 혀를 함부로 놀리는 것을 군주가 방치하는 것은, 군주가 악을 미워하지 않는 것과 같습니다. 악을 미워하지 않는 군주를 믿고 어떻게 선을 할 수 있겠습니까? 그렇다면 군주는 어떻게만 해 주면 되나요? 악을 확실히 미워해 주고 선을 진심으로 좋아해 주면 됩니다. 그래서 군주의 자리에는 '양심 오타쿠'가 있어야 하는 것입니다. 군주 자리에 양심 오타쿠가 없으면 올바른 정치인이 힘을 쓸 수 없으니까요.

지금은 대통령이 과거 군주의 역할을 하고 있기 때문에 대통령이 반드시 그런 조건을 갖춰야 합니다. 그런데 '주권'이 국민에게 있다고 표방하는 민주사회라면 국민도 똑같이 그래야 합니다. 대통령에게만 정치를 맡길 것이 아니라, 국민도 악한 정치인들을 진심으로 미워해 주고, 양심적인 정치인들을 진심으로 좋아해 줘야 하는 것이지요.

하지만 국민 전체가 그렇게 된다는 것은 현실적으로 어렵겠지요? 그래서 제가 '양심 51%'를 주장하는 것입니다. 적어도 50% 이상이 양심을 좋아해 주지 않는다면 민주사회에서 어떻게 양심적인 정치인들이 힘을 쓸 수 있겠습니까? 이것은 우리 국민이 반성해야 할 부분입니다. "우리가 양심적인 정치인들이 힘을 쓸 수 있게 열심히 도와주고 응원해 준 적이 있는가?" "온갖 소인배들이 혀를 놀릴 수 있게 방치하지는 않았나?" 하고 말입니다.

 소인배들을 옹호해 주는 편파적인 방송도 자꾸 듣다 보면 금방 중독됩니다. 처음에는 "에이, 저게 말이 되나?" 하고 욕하면서 봤더라도, 몇 번 보다 보면 친근해지고, 점점 사고방식이 같아져서 나중에는 다 맞는 말같이 생각됩니다.

 특히 본인이 꼼꼼하게 증거를 찾아보시지 않는 분들이라면 금방 넘어갑니다. 완전히 세뇌되는 것이죠. 국민이 이런 식으로 세뇌되는 것은 군주가 세뇌되는 것과 다를 바 없습니다. 군주가 비양심으로 세뇌되면 그 나라는 끝나는 겁니다. 주권을 가진 국민들이 악을 미워하지 않고 선을 좋아하지 않는다면, 결국 그 나라는 이미 망한 것과 같다는 말입니다.

유튜브(YouTube) | 율곡에게 배우는 국가경영의 지혜

3대 사업으로 홍익세상을 열자

'홍익당의 3대 사업'은 양심각성, 양심판단, 양심실천입니다.

① 양심각성: 국민의 집단지성이 창조적으로 작용되려면, 국민의 양심이 각성되도록 도와야 합니다. 국민의 '양심각성'이 첫째 사업입니다.

② 양심판단: 국민의 집단지성이 올바른 판단을 할 수 있도록 정확한 정보를 제공하자는 것입니다. 국민에게 정확한 정보를 주지 않으면서 국민의 지혜를 얻겠다는 것은 잘못된 발상이지요.

③ 양심실천 : 국민이 내린 양심적이고 창조적인 결론을 반드시 현실화시켜야 합니다.

독재정권의 문제점은, 국민에게 엉터리 정보를 계속 제공한다는 것입니다. 국민이 그렇게 한번 세뇌가 되고 나면, 평생 그 세뇌에서 벗어나기가 힘들어지지요. 따라서 정확한 정보를 제공하는 언론의 역할이 매우 중요합니다.

그런데 언론뿐만 아니라 정부와 정당도 국민에게 정확한 정보를 제공해 줌으로써, 국민이 양심과 지혜로 훌륭한 결론을 내릴 수 있게 도울 의무가 있습니다. 그래서 국민들의 양심을 계속 깨어나게 도와야 하는 것입니다. 그렇게 하지 않으면 국민이 양심적이지 않은 판단을 하게 되니까요.

국민이 올바른 판단을 할 수 있게 돕고, 올바른 판단에 필요한 재료, 즉 정확한 정보를 제공해야 합니다. 그리고 국민이 올바른 판단을 내리면, 적극적으로 그 지혜를 활용해서 천하사를 바로잡아야 합니다. 이것이 '홍익당의 3대 사업'입니다.

저는 과거 요, 순, 율곡, 퇴계의 마인드로 지금 우리나라의 상황을 보고 풀어 가려고 합니다. 홍익당은 우리 민족이 5천 여 년 전부터 지켜온 홍익인간의 이념적 가치를 계속해서 지키겠다는, 그것을 위해서는 절대 타협하지 않겠다는, 매우 보수적인 정당입니다. 그러면서 비양심적인 것은 모두 뜯어 고치겠다는, 엄청나게 진보적인 정당입니다. 이것이 홍익당입니다.

개인 재산이나 기득권을 지키겠다는 보수는 보수라고 할 수도 없습니다. 홍익당은 5천 년 이상 묵은 우리의 가치와 인간의 보편적 본질은 끝까지 지키겠다는 면에서 보수적인 것입니다. 그리고 그 가치를 깨는 것은 모두 바로잡고 뜯어 고치겠다는 면에서 진보적이지요. 여기에 보수와 진보의 핵심이 모두 담겨 있지 않은가요?

사실 '홍익'이라는 이념 안에 그 모든 것이 다 들어 있습니다. '홍익'을 가지고는 우리가 통일도 이룰 수 있습니다. 북한도 '홍익'에는 반대하지 못합니다. 자본주의, 미 제국주의에는 반대해도, 단군 이념에는 반대하지 못해요. 북한 주체사상의 뿌리가 결국 단군 사상이기 때문입니다. 그래서 북한의 역사학계는 고고학에서도 단군 관련 내용을 많이 연구했습니다. 왜냐하면 단군에 뿌리를 대고 김씨 왕조를 선전해야 했기 때문입니다.

비록 사심으로 한 일이지만, 그동안 북한 주민들에게 단군에 대해서는 강조해 가며 교육해 왔기 때문에, 홍익인간 이념이면 남북통일도 가능한 것입니다. 또 남북만 좋은 게 아니라, 남북이 하나로 강대국을 만들고 나면 전 인류를 향해 '홍익' 이념을 이야기할 것 아니겠습니까?

홍익인간을 통해 남북이 통일되면, 우리 민족은 자본주의와 공산주의라는 양대 문명의 폐해를 '홍익'으로 치유한 민족이 됩니다. 그런 치유의 비법을 직접 실천해서 스스로 입증해 낸 국가가 되는 것이죠. 그런 지혜를 가지고 전 세계에 '홍익'을 수출할 수도 있어야 합니다.

그런데 본인이 암을 극복하고 나서 약을 팔아야 잘 먹히지 않을까요? 통일을 해 놓고 전 인류에게 '홍익'을 얘기하면 먹히지만, 그 전에는 어떤 말도 통하지 않을 것입니다. 같은 민족끼리 통일도 못 하는 나라가 인류에게 대안을 제시한다면 따라가겠어요? 그런데 통일까지 이루어 낸 다음에 전 인류에게 비전을 제시하면, 우리나라는 여러 가지 의미에서 강대국으로 거듭날 것입니다. 꼭 군사력이나 경제력이 강해서 강대국이 아니라 정말 강한 나라, 즉 인류를 선도할 수 있는 나라가 되는 것입니다.

　이런 생각에는 우리의 욕심도 들어있죠? 다른 나라가 잘 돼도 되는데 굳이 우리가 잘하겠다는 건 욕심이니까요. 하지만 내용이 양심적이니, 이런 욕심은 가져도 좋다고 봅니다. "양심을 우주에서 제일 잘해야지!" 이런 욕심은 괜찮지 않은가요? 욕심이긴 하지만 좋은 욕심이고, 잘하겠다는 것은 양심이니까요. 이런 양심정치의 지혜를 지금 이 시대에도 이런 식으로 적용해 보면 좋겠다는 것이 제 생각입니다.

유튜브(YouTube) | 율곡에게 배우는 국가경영의 지혜

자포자기하지 말라

"스스로를 해친 사람과는 함께 말을 할 수 없고, 스스로를 버린 사람과는 함께 일을 할 수 없다. 말마다 '예의'를 비방하는 것을 '스스로를 해침'(自暴)이라고 부르며, 자신은 '사랑'(仁)에 머물고 '정의'(義)를 실천할 수 없다고 하는 것을 '스스로를 버림'(自棄)이라고 부른다.

'사랑'(仁)은 사람의 안락한 집이며, '정의'(義)는 사람의 올바른 길이다. 안락한 집을 비워 두고 머물지 않고, 올바른 길을 버려두고 걷지 않으니, 참으로 애통하도다!"

(『맹자』)

본래 '자포'와 '자기'는 양심을 비방하고, 양심을 포기하는 것을 말합니다. 특히 '자포自暴'는 '자신을 해치는 것'으로서 양심을 비방하는 말을 하는 것이니 그 정도가 더욱 심합니다. '자기自棄'는 양심을 비방하지는 않으나, 자신은 할 수 없을 것이라고 포기하는 것을 말합니다.

양심은 인간이 살아야 할 안락한 집이자 인간이 걸어야 할 길입니다. 그러니 결코 자포자기해서는 안 됩니다. 양심을 비방하지도, 포기하지도 말고, 늘 양심의 인도에 따라 하루하루 최선을 다해 살아가야 하겠습니다! 새로운 변화의 흐름을 '나'부터 시작합시다!

지금 우리가 걷는 이 길이 온 인류가 함께 걷는 길이 되리라 믿어 의심치 않습니다. 우리가 자포자기하지만 않는다면 반드시 이 땅에 기적이 일어날 것입니다!

부록

홍익당의 3대 사업

1 양심각성

국민의 양심적 집단지성이 더욱 빛을 발휘하도록, 국민의 양심을 자극하는 정보를 제공하여, 국민들이 스스로 깨어서 판단하는 주체가 되는 것을 돕고 집단지성이 제대로 기능하는 것을 돕겠습니다.

2 양심판단

집단지성이 양심적 판단을 할 수 있도록 사안에 대한 정확한 정보와 의견을 제시하여 국민이 공정하고 치우치지 않는 양심적 판단을 할 수 있도록 돕겠습니다.

3 양심실천

집단지성의 양심적 판단이 반드시 현실화되도록 최선을 다해 노력하겠습니다. 비양심적 욕심추구에만 골몰하는 모리배들이 더 이상 국민의 삶을 망치지 못하게 막아 내고, 반드시 사회 정의를 구현하겠습니다.

홍익당의 6대 원칙

1 홍익당은 편견과 욕심을 벗어나 양심의 명령에 깨어있겠습니다. (양심각성)

2 홍익당은 국민과 진심으로 소통하고, 국민에게 이로운 결정을 내리겠습니다. (사랑)

3 홍익당은 국민을 공정하게 대하고 부당한 피해를 주는 결정을 하지 않겠습니다. (정의)

4 홍익당은 국민의 입장을 진심으로 수용하고, 국민의 공복

임을 명심하여 늘 겸손하겠습니다. (예절)

5 홍익당은 어떤 난관이 있더라도 양심의 구현을 정당의 사명으로 알고 최선을 다하겠습니다. (성실)

6 홍익당은 근거가 있는 자명한 진실에 기반을 두고 결정을 내리겠습니다. (지혜)

홍익당의 10대 강령*

1 양심문명良心文明의 건립

인간은 나와 남을 모두 위하는 '양심'과 나의 이해利害만을 따지는 '욕심'을 모두 갖춘 존재이다. 욕심은 그 자체로 '악'이 아니다. 욕심 또한 우리가 잘 관리해야 하는 소중한 마음이다. 다만 욕심이 양심의 명령을 어기는 순간, 나와 남 모두를 해치는 독약이 되고 만다.

---

* 이 10대 강령은 2004년 3월 2일에 초안이 작성 된 것으로, '홍익인간 정치론'과 '대동 정치론'을 바탕으로 한 '양심건국의 실천방략'이다.

그러니 인간이면 없을 수 없는 '욕심'을 '양심'으로 잘 경영할 때, 욕심도 양심도 모두 제자리를 찾게 되어 인간으로서 만족스러운 삶을 살 수 있을 것이다.* 양심만이 욕심을 합리적으로 조절할 수 있다.

인간이 지닌 우주적 마음인 '양심'에는 "내가 당하기 싫은 일을 남에게 가하지 말라!"라는 우주의 대공식(自然法)이 새겨져 있다. 이를 따르면 '선'이요, 이를 어기면 '악'이 되는 것은 만고의 통론이다.

인류가 '양심'을 계발하여, 양심에 새겨진 '인의예지신仁義禮智信의 본성'을 온전히 체득할 때, 온 인류가 걸어야 할 길인 '도道'가 밝아지며, 인의예지의 본성을 일상에서 실천하여 매사를 양심대로 경영할 때 '덕德'이 확립되는 것이다. 인간은 '도덕'을 닦음으로써 '인간의 길'을 걸을 수 있으며, 천지·만물과 조화를 이루며 우주에 당당히 설 수 있다.

---

* '욕심'(人心)은 위태롭고 '양심'(道心)은 미미하다. 오직 양심을 정밀하게 밝히고 한결같이 추구해야 한다. 그래야 진실로 '중심'을 잡을 수 있을 것이다! (人心惟危 道心惟微 惟精惟一 允執厥中, 『서경』「대우모大禹謨」)

2 홍익인간弘益人間 이념의 완수

남을 배려하는 마음인 '양심'이야말로 우리의 희망이다. 우리는 항시 먼저 '나'를 정확히 알고, 그것을 미루어 '남'을 돌아보아야 한다. 늘 상대방과 입장을 바꿔 생각하여 모두에게 이로운 답안을 모색하여야 한다.

그리하여 내가 당하기 좋은 것을 남에게 줄 것이며, 내가 당하기 싫은 바를 남에게 가하지 말아야 할 것이다. 이러한 '역지사지'의 실천을 통해서만 인류는 함께 살아가고 함께 발전할 수 있다. 이것이 바로 우리 겨레의 오랜 숙원인 '홍익인간'의 이념이다.

이러한 위대한 이념은 또한 위대한 정치론의 뒷받침 하에서만 그 철저한 실행을 장담할 수 있다. 약육강식의 소수만을 위한 '패도霸道적 정치론'으로는 절대로 인류의 공존과 공영을 이룰 수 없으니, 널리 인간 모두를 이롭게 할 '왕도王道적 정치론', 즉 대동大同의 '홍익인간弘益人間 정치론'을 우리의 국시國是로 삼아야 한다.

3 민족과 국가의 자주성 확립

'민족'은 공동의 문화와 풍속을 지니며, 같은 운명을 걸어 온 조직체이다. '민족'은 인류를 길러 내고, '국가'는 인류를 다스린다. 그래서 민족은 국가를 통하여 보다 유기체적인 모습으로 역사에 등장한다. 이러한 민족과 국가의 자주성 확립은 영구히 보장되어야 한다.

'개인'의 주체성의 확립 없이는 진정한 '사회'의 구성이 불가능하듯이, '민족과 국가'의 주체성 확립 없이는 진정한 '세계일가世界一家'의 확립은 요원할 것이다. 진정한 민족주의는 세계주의의 초석이다. '민족주의'의 반대는 '세계주의'가 아니라, '사대주의'이고 '제국주의'이다.

진정한 세계주의는 민족과 국가를 타파하는 가운데 이루어지는 것이 아니라, 타민족과 타국가를 존중하고 배려하는 가운데 이루어지는 것임을 명심하자.

4 노동을 통한 자아실현

하늘이 만민萬民을 낳음에 반드시 그 '직업'을 주셨다. 이는 우선적으로 직업을 통하여 의식주를 확보하여 그 생명을 보존케 하려 함이요, 또 인간이 '노동'을 통하여 자신의 잠재력을 모두 발휘토록 하여 정신상, 육신상의 '창작'을 쉬지 않게 함으로써 천지天地의 대작업에 참여케 하고자 함이다.

그러므로 인간은 '노동'을 통하여 각자의 '자아自我'를 인간사회와 우주 간에 발현할 수 있는 것이다. 인간의 노동이야말로 진정 신성한 것이다. 그리고 그것이 개인의 욕망을 위해서가 아니라, '대아大我'를 위해서 행해질 때 더욱 신성한 일이 된다. 따라서 국가는 인간이 자신의 잠재력을 충분히 계발할 수 있도록 각종 서비스를 국민에게 제공하여야 할 것이다.

5 정의로운 사회의 구현

"노동이 없으면 그 대가도 없다!"라는 것이야말로 우주의 철칙이다. 하면 반드시 그 결과가 있고, 하지 않으면 그 결과도 없다는 것은 우리가 견지하여야 할 신성한 법칙이다. 그러므로 노동이 불가한 노약자가 아니고서, 노동이 없는 부당한 소득을 취하는 것은 엄중히 금하여야 한다.

정상의 인간이라면 누구나 자신의 '의식주'는 스스로 책임져야 하고, 자신의 노동을 통하여 이 우주를 개척해 나갈 수 있는 '지혜'와 '용기'를 지녀야 한다. 그리고 자신의 노동의 결과물을 타인과 공유할 수 있는 '사랑' 또한 지녀야 한다. 이것이 '인간人間'이다.

6 빈부貧富격차의 최소화

인간으로서 자신의 재산을 갖고 이를 확충해 가는 것은 당연한 권리이다. 그리고 각자의 노력에 따라 그 결과물인 재산의 차이가 나는 것도 당연한 일이다. 그러나 이것이 결코 '현저한 빈부격차'를 용인하는 이유가 되어서는 안 된다. 빈부의 격차가 존재하더라도 그 차이가 결코 현저하게 나도록 방치해서는 안 되는 것이다.

또한 가난하다 하여도 생계가 가능한 최저선을 확보하도록 국가가 보장하여야 한다. 우리가 국시國是로 삼는 '홍익인간弘益人間 이념'에 의거해 볼 때, 빈자에게 커다란 상대적 박탈감을 주는 정책, 이것 자체가 '악'인 것이다.

7 민생民生의 안정

민생은 일차적으로 '의식주衣食住'를 확보하여야 하고, 그 다음 인간으로서 사는 재미가 나도록 '교통·교육·오락·의료' 등 각종 서비스를 누릴 수 있어야 한다. 그리고 최종적으로 인간으로서의 온전한 도리를 발현할 수 있는 '모든 문화'를 충분히 향유할 수 있어야 한다.

위정자爲政者는 민생의 안정을 위하여 '사회적 재화와 서비스'가 소수에 편중되지 않도록 최선의 노력을 기울여야 한다. 사회적 재화와 서비스를 다수가 두루 누릴 수 있게 해야 한다. 항시 소수를 위한 정책을 배제하고 다수를 위한 정책을 채택하여, 국민과 더불어 즐기는 '대동大同의 정치'를 모색하여야 할 것이다.

8 지덕체智德體의 계발을 통한 전인교육

인간은 각자 선천적으로 타고난 '양지良知'(타고난 지혜)와 '양능良能'(타고난 능력)이 있다. 이것을 후천적으로 최대한 발휘하게 한다면 인간은 누구나 '지혜'와 '인격', 그리고 '체력'이 완전해질 것이다.

이를 위해서는 먼저 '양심의 각성'을 통해 자명하게 선악을 판단할 수 있는 '지혜'를 계발해야 한다. 그리고 여기에 강건한 '체력'의 배양을 겸비한다면, 최종적으로 '인격'의 핵심인 '인의예지신仁義禮智信의 덕성'을 온전하게 발휘할 수 있게 될 것이다.

이것은 결국 인간의 선천적인 '양지·양능'을 후천적으로 온전히 복원케 하는 것이니, 인간으로서 조물주로부터 '천지天地'와 함께 부여받은 본래의 '자연성自然性'을 회복하는 것이다. 인간은 자연의 일부인바, '대자연의 공식'에 순응함은 당연한 것이며, 대자연의 공식에 대한 주체적이고 자발적인 순응이야말로 참된 '인간의 길'인 것이다. 이러한 인간의 길은 다름 아닌 '지덕체의 배양'을 통하여 완성될 수 있다.

9 양심적 리더의 선출

인간이 보다 인간답게 살기 위하여 만든 '정치政治'라는 시스템이 오히려 인간을 압제하는 도구가 됨은 왜인가? 어떠한 정치체제를 채택하여야 우리가 그토록 고대하는 진정한 '민주주의民主主義'를 누릴 수 있을 것인가?

그것의 답은 의외로 간단하다. 어떤 정치체제를 채택하건 간에, '지도부'가 양심적이고 유능하면 국민은 인간 대우를 받으며, 지도부가 부패하고 사악하며 무능하면 국민은 지옥고를 겪을 수밖에 없는 것이다. 이것은 왜인가? 누천년 인간사를 볼 때, 인간으로 군집을 이룸에 그 지도부가 '소수'가 됨은 공공연한 일이고, 또 일의 효율성 측면에서 볼 때도 당연한 일이다.

그러므로 이 소수의 지도부를 인선人選함에 있어, '추현양능推賢讓能'(현명하고 유능한 이에게 자리를 양보함)이 공정하게 이루어져서 항시 현자와 유능한 이들이 지도부에 자리하게 한다면, 국민이 인간 대우를 받는 진정한 민주주의가 현실화될 것이다.

10 세계일가世界一家의 실현

우리가 '홍익인간의 이념'으로 우리의 국시를 삼고, 국민들의 민생을 안정시키며, 국민들의 잠재력을 최대한 계발케 하고, 나아가 현명한 지도부를 인선하여 '홍익인간弘益人間 · 이화세계理化世界'를 이룸에 이것은 우리의 흥복興福이 될 것이다.

그러나 이 지구상의 뭇 겨레들이 어찌 한 가족이 아니며, 뭇 나라들이 한 형제가 아니랴. 우리의 흥복이 전 인류의 흥복이 되도록 다른 나라, 다른 겨레를 항시 배려하여 우리나라, 우리 겨레처럼 돌보아야 할 것이니, 지구 전체, 즉 전 세계가 모두 한 가족이라는 사실을 한시도 잊어서는 안 될 것이다. 그리하여 전 세계에 전쟁 없는 평화세상을 구현해야 할 것이다.

양심성찰의 6가지 원칙

① 몰입
마음을 리셋했는가?

② 사랑
상대방의 입장을 내 입장처럼 진심으로 이해하고 배려했는가?

③ 정의
내가 당하기 싫은 일을 상대방에게 가하지는 않았는가?

④ 예절
처한 상황을 있는 그대로 진심으로 수용하고,
생각과 언행이 겸손하며 상황과 조화를 이루었는가?

⑤ 성실
양심의 인도를 따르는 데 최선의 노력을 기울였는가?

⑥ 지혜
나의 선택과 판단은 찜찜함 없이 자명한가?

유튜브(YouTube) | 양심성찰 가이드

양심성찰의 방법

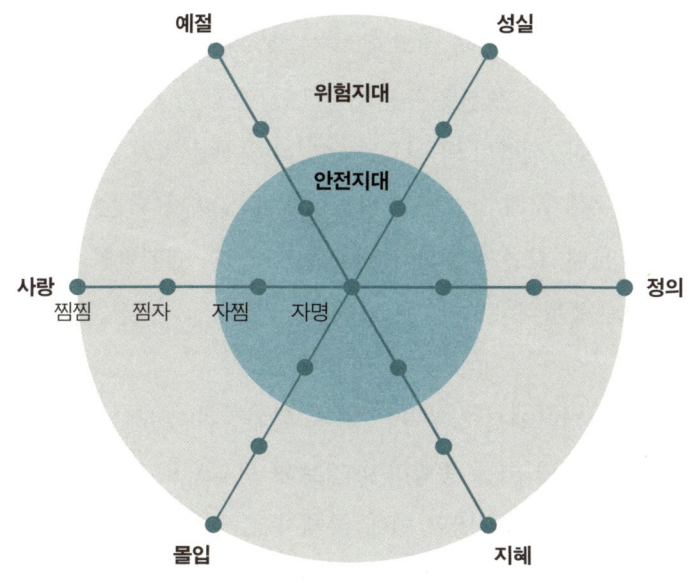

• 6가지 원칙에 의거한 점검표 •

'양심'으로 자신의 '욕심'을 경영하며, '민주시민'으로 살아가기 위해서는, 언제 어디서나 자신의 생각과 언행을 '양심성찰의 6가지 원칙'으로 점검하며 살아가야 합니다. 생각과 언행에 6가지 원칙이 온전히 발현될 때, 우리는 늘 나와 남 모두를 이롭게 하는 올바르고 건강한 '주권자의 삶'을 살 수 있습니다.

매사에 6가지 항목을 스스로에게 묻고 양심의 울림 그대로 답하여, 각각의 항목에 대해 ① 자명, ② 자찜(자명〉찜찜), ③ 찜자(찜찜〉자명), ④ 찜찜을 구분하십시오. '통증'의 신호가 건강을 지켜 주듯이, '찜찜함'의 신호는 우리의 양심을 지켜 줍니다. 각각의 항목에 대해 양심에 찜찜한 부분이 얼마나 되는지 잘 관찰하다 보면, 자연히 양심이 보내는 자명함과 찜찜함의 신호에 민감해지게 됩니다.

각각의 항목에서 느낀 자명함과 찜찜함의 정도를 4단계로 표시한 다음에 이를 종합하여 검토해 보십시오. 모든 항목이 '자찜'(자명〉찜찜)의 범위 안에 존재하면, 양심의 '안전지대'를 벗어나지 않는 선택이 되니 늘 양심이 내면을 주도하는 선택을 할 수 있습니다. 나와 남 모두에게 이로운 선택을 할 수 있는 것입니다.

그러나 만약 안전지대를 벗어나는 항목들이 있다면, 마음 씀

이 욕심이 양심을 위태롭게 하는 위험지대로 나갔다는 신호이니, 이를 잘 분석하여 자명하게 바로잡으시길 바랍니다. 그대로 방치하면 나와 남 모두에게 해로운 선택을 하게 될 것입니다.

생각과 언행이 언제 어디서나 '안전지대'를 벗어나지 않게 살아갈 수 있다면, 우리는 '양심의 인도'를 따를 줄 아는 진정한 '주권자의 삶' '민주시민의 삶'을 살 수 있습니다.

양심노트

　　　　　　년　　　　월　　　　일

사안 |

몰입 | 지금 이 순간 깨어있는가?

　　　당시에는 깨어있었는가?

사랑 | 상대방의 입장을 내 입장처럼 진심으로 이해하고 배려했는가?

정의 | 내가 당하기 싫은 일을 상대방에게 가하지는 않았는가?

애절 | 처한 상황을 있는 그대로 진심으로 수용했는가?

　　　생각과 언행이 겸손하여 상황과 조화를 이루었는가?

성실 | 양심의 인도를 따르는 데 최선의 노력을 기울였는가?

지혜 | 나의 선택과 판단은 찜찜함 없이 자명한가?

최종 결론 |

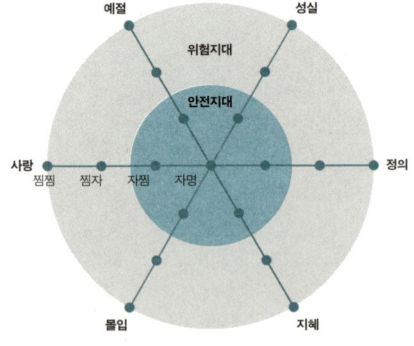

네이버 카페 홍익학당(www.hihd.co.kr)에서는 양심노트 파일을 무료로 제공해드리고 있으며, 본 카페에 소개된 홈페이지(http://hihd.cafe24.com)에서 노트 형태로 제작한 양심노트를 구입하실 수 있습니다.
스마트폰 어플리케이션으로도 내려 받을 수 있습니다.

Conscience Politics

양심정치 녹취자

이 책이 나올 수 있도록 윤홍식 님의 강의를 녹취해 주신 〈강덕희 김경민 김동욱 김연실 김재은 김진운 박동주 박용준 박우성 박종문 박종배 백은혜 오병문 우성태 윤성복 이동우 이재ول 이재중 장영미 전효선 정은라 조대호 조문주 최진형 최희선 황명〉님께 진심으로 감사드립니다.

도서출간 후원자

이 책이 나오는 데 적극적으로 후원해 주신 〈Jordan Lee Yoonhee Jang 강경자 강문성 강병율 강병창 강석규 강석찬 강소영 강승희 강정희 고갑남 고금란 공영근 공종진 구순본 권기현 권도희 권은주 권정섭 김규열 김규찬 김기옥 김대련 김덕주 김동욱 김만일 김만홍 김명옥 김묘진 김미강 김미라 김미영 김병철 김병호 김상호 김선아 김선욱 김세영 김성국 김수림 김수연 김숙 김순기 김순자 김승욱 김승희 김시현 김영굉 김영린 김영미 김영수 김영주 김예숙 김옥주 김옥희 김완희 김용복 김유정 김윤수 김은숙 김은정 김재정 김점임 김정련 김정숙 김제성 김종배 김종언 김중국 김진운 김태순 김한결 김해옥 김현미 김현준 김혜숙 김홍규 김홍일 김홍준 김홍현 김효정 김효진 나현경 남지현 류성란 문경미 문인호 민경환 민세홍 민인숙 박경미 박경애 박금주 박기언 박기철 박만호 박대호 박두병 박명숙 박선영 박선후 박승자 박시형 박신화 박연복 박재완 박정렬 박정숙 박정순 박정자 박하영 박현주 박혜숙 박혜진 박희찬 방형국 배영희 백경만 백경아 백승표 백혜경

서경희 서명순 서민정 서정민 서진옥 성정애 세유 송승희 송영애 송영자 송영주 송율성 송정구 송종우 송종원 송진형 스카이저축은행 신동욱 신옥경 안세혁 양문규 양문규 양성연 양연숙 엄세비 연지민 영숙 오란희 왕정숙 우남득 우남인 원명아 원종강 유은미 유철상 윤경애 윤동근 윤병율 윤은자 윤희근 이강하 이계영 이광선 이기춘 이대열 이덕영 이도훈 이락삼 이명선 이미경 이상민 이미영 이상민 이상희 이선빈 이선희 이성수 이세엽 이승진 이승헌 이신화 이연옥 이영민 이영민 이영진 이영현 이용호 이용희 이윤미 이은아 이은호 이임영 이재웅 이정분 이정분 이정엽 이정윤 이정이 이정이 이정희 이제헌 이종원 이준상 이지향 이창준 이채영 이혜선 이혜숙 이홍기 이화정 이희행 인소현 임성문 임향순 임현주 임호진 장공순 장기주 장오복 장우석 장우진 장재헌 장향숙 전서연 전영환 전종수 전혜영 정광용 정기백 정동기 정맹희 정명순 정미경 정미화 정민주 정봉경 정석훈 정성대 정성철 정세비 정세훈 정우준 정유영 정은라 정은성 정인숙 정종국 정종철 정준흥 정지호 정혜진 조경 조대호 조미라 조유순 조재성 조준배 조희숙 주한규 지승호 채윤정 최경구 최도선 최미영 최상희 최성재 최용석 최유나 최은정 최자경 최재익 최재훈 최정식 최종삼 최지선 최진 최창혁 최천식 최현우 크리스티나 한덕실 한상문 한성수 한승원 한재혁 함영숙 허두련 허문하 현정주 현혜영 홍다린 홍동완 홍삼표 홍용웅 홍지연〉님께 진심으로 감사드립니다.

윤홍식

홍익당 대표이며, 제19대 대통령선거에서 홍익당 후보로 출마하였다. 동서양 인문학의 핵심을 참신하면서도 알기 쉽게 유튜브를 통해 전 세계에 알리고 있는 인기 있는 젊은 철학자이자 양심경영 전문가이다. 2,100여 개의 인문학 강의 조회 수는 2,200만을 돌파하였다. 연세대학교 사학과 및 동 대학원 철학과를 졸업한 후 홍익학당과 출판사 봉황동래를 운영하고 있으며, 고전콘서트 · 양심콘서트 · 양심캠프 등을 열고 있다. 삼성, LG 등 일반기업과 법무부, 중소기업 진흥청, 우정청 등 공공기관에서 고전을 통한 윤리교육과 양심리더십 교육을 맡았다. 또 KBS, EBS, BBS 등 방송 매체에서도 활발하게 활동 중이다. WBS원음방송에서는 "정신을 개벽하자" 특강 시리즈를 강의하였다. 다양한 강의를 통해 양심리더십과 몰입의 해법을 전하고 있으며, 국민 전체의 인성교육을 위하여 『양심노트』를 만들어 보급하고 있다. 저서로는 『대학, 인간의 길을 열다』 『이것이 인문학이다』 『논어, 양심을 밝히는 길』(살림지식총서) 『내 안의 창조성을 깨우는 몰입』 『노자, 무위경영의 지혜』 『인성교육, 인문학에서 답을 얻다』 『산상수훈 인문학』 등이 있다.

양심이 승리하는 세상
양심정치

지은이	윤홍식
초판발행	2017년 5월 9일
펴낸곳	봉황동래
펴낸이	윤홍식
출판등록	제313-2005-00038호
등록일자	2005년 3월 10일
주소	서울 마포구 마포대로 86, 522호(도화동, 창강빌딩)
전화	02-322-2522
팩스	02-322-2523
홈페이지	www.bhdl.co.kr
디자인	투에스디자인
ISBN	978-89-94950-20-4 (03340)

값 18,000원
책값은 더 좋은 책을 만드는 데 사용됩니다.